THOMAS CLEMENS

Steuerprozesse zwischen Privatpersonen

Schriften zum Steuerrecht

Band 21

Steuerprozesse zwischen Privatpersonen

und die Wechselwirkungen im Dreiecksverhältnis von Steuerschuldner, -fiskus und -bürge

Von

Dr. Thomas Clemens

DUNCKER & HUMBLOT / BERLIN

Gedruckt 1980 bei Buchdruckerei Richard Schröter, Berlin 61
Printed in Germany

ISBN 3 428 04664 1

Vorwort

Diese Schrift liefert einen Beitrag zur Abgrenzung des öffentlichen vom privaten Recht, indem sie den Übergang von Steuerforderungen auf Privatpersonen (§§ 426 Abs. 2, 774 BGB) und damit einen Ausschnitt aus dem Problemkreis „Öffentlich-rechtliche Streitigkeiten zwischen Privatpersonen" behandelt. Mit dieser Thematik reicht sie weit in das allgemeine Verwaltungsrecht hinein und geht über das Steuerrecht im engeren Sinne hinaus. Darüber hinaus behandelt sie spezifisch prozeßrechtliche Probleme, indem sie sich mit Fragen der Beiladung, der Rechtskraft- und Bindungswirkung sowie mit solchen des Konkursrechts auseinandersetzt.

Diese — für die Drucklegung erneut durchgesehene und überarbeitete — Schrift war Gegenstand meines Promotionsverfahrens, das ich Mitte 1979 am Fachbereich Rechtswissenschaft I der Universität Hamburg erfolgreich abschloß. Für die vielfache Förderung meiner Arbeit danke ich Herrn Professor Dr. Karl August Bettermann, an dessen Lehrstuhl ich fast drei Jahre lang (1976 - 1979) die Aufgaben eines Wissenschaftlichen Assistenten wahrnahm.

Rechtsprechung und Schrifttum wurden, soweit sie bis zum Ende des Jahres 1978 veröffentlicht waren, vollständig und, soweit dies erst im Jahre 1979 erfolgte, teilweise berücksichtigt.

Hamburg, im Juni 1980

Thomas Clemens

Inhaltsverzeichnis

Abkürzungsverzeichnis

AcP	=	Archiv für die civilistische Praxis
a. F.	=	alter Fassung
AFG	=	Arbeitsförderungsgesetz (v. 25. 6. 1969, BGBl. I S. 582, mit späteren Änderungen)
AG	=	Amtsgericht
ArbGG	=	Arbeitsgerichtsgesetz (v. 3. 9. 1953, BGBl. I S. 1267, mit späteren Änderungen)
arg.	=	argumentum
AO	=	Abgabenordnung (v. 16. 3. 1976, BGBl. I S. 613, mit späteren Änderungen)
AP	=	Arbeitsrechtliche Praxis — bis 1954: Sammlung der Entscheidungen des Bundesarbeitsgerichts, der Landesarbeitsgerichte und Arbeitsgerichte — ab 1954: Nachschlagewerk des Bundesarbeitsgerichts
BAG	=	Bundesarbeitsgericht
BAGE	=	Entscheidungen des Bundesarbeitsgerichts
BAFöG	=	Bundesausbildungsförderungsgesetz (i. d. F. v. 9. 4. 1976, BGBl. I S. 989, mit späteren Änderungen)
Bay	=	Bayern, bayerisch
BayVerfGH	=	Bayerischer Verfassungsgerichtshof
BB	=	Der Betriebs-Berater
BBG	=	Bundesbeamtengesetz (i. d. F. v. 3. 1. 1977, BGBl. I S. 1, berichtigt S. 795, mit späteren Änderungen)
BFH	=	Bundesfinanzhof
BFHE	=	Sammlung der Entscheidungen und Gutachten des Bundesfinanzhofs
BGB	=	Bürgerliches Gesetzbuch (v. 18. 8. 1896, RGBl. S. 195, BGBl. III 400-2, mit späteren Änderungen)
BGBl	=	Bundesgesetzblatt
BGH	=	Bundesgerichtshof
BGHZ	=	Entscheidungen des Bundesgerichtshofs in Zivilsachen
BLG	=	Bundesleistungsgesetz (i. d. F. v. 27. 9. 1961, BGBl. I S. 1769, mit späteren Änderungen)
BNotO	=	Bundesnotarordnung (v. 24. 2. 1961, BGBl. I S. 98, mit späteren Änderungen)
BRAGO	=	Bundesgebührenordnung für Rechtsanwälte (v. 26. 7. 1957, BGBl. I S. 907, mit späteren Änderungen)
BRAO	=	Bundesrechtsanwaltsordnung (v. 1. 8. 1959, BGBl. I S. 565, mit späteren Änderungen)
BremG	=	Bremisches Gesetz
BRRG	=	Beamtenrechtsrahmengesetz (i. d. F. v. 3. 1. 1977, BGBl. I S. 21, mit späteren Änderungen)

BSeuchG	= Bundes-Seuchengesetz (v. 18. 7. 1961, BGBl. I S. 1012, mit späteren Änderungen)
BSG	= Bundessozialgericht
BSGE	= Entscheidungen des Bundessozialgerichts
BSHG	= Bundessozialhilfegesetz (i. d. F. v. 13. 2. 1976, BGBl. I S. 289, berichtigt S. 1150, mit späteren Änderungen)
BStBl	= Bundessteuerblatt
BT-Drucks.	= Drucksachen des Deutschen Bundestages
Buchholz	= Sammel- und Nachschlagewerk der Rechtsprechung des Bundesverwaltungsgerichts, hrsg. v. K. Buchholz
BVerfGE	= Entscheidungen des Bundesverfassungsgerichts
BVerwG	= Bundesverwaltungsgericht
BVerwGE	= Entscheidungen des Bundesverwaltungsgerichts
BVerwGG	= Gesetz über das Bundesverwaltungsgericht (v. 23. 9. 1952, BGBl. I S. 625, mit späteren Änderungen)
DB	= Der Betrieb
DÖV	= Die Öffentliche Verwaltung
DStRecht	= Deutsches Steuerrecht
DStRundschau	= Deutsche Steuer-Rundschau
DVBl	= Deutsches Verwaltungsblatt
E	= Entscheidung
EGAO	= Einführungsgesetz zur Abgabenordnung (v. 14. 12. 1976, BGBl. I S. 3341)
EGGVG	= Einführungsgesetz zum Gerichtsverfassungsgesetz (v. 27. 1. 1877, RGBl. S. 77, BGBl. III 300-1, mit späteren Änderungen)
Einf.	= Einführung
EStG	= Einkommensteuergesetz (i. d. F. v. 21. 6. 1979, BGBl. I S. 823, mit späteren Änderungen)
FGG	= Gesetz über die Angelegenheiten der freiwilligen Gerichtsbarkeit (i. d. F. v. 20. 5. 1898, RGBl. S. 771, BGBl. III 315-1, mit späteren Änderungen)
FGO	= Finanzgerichtsordnung (v. 6. 10. 1965, BGBl. I S. 1477, mit späteren Änderungen)
FlurbG	= Flurbereinigungsgesetz (i. d. F. v. 16. 3. 1976, BGBl. I S. 546, mit späteren Änderungen)
FR	= Finanz-Rundschau
FreiEntzG	= Gesetz über das gerichtliche Verfahren bei Freiheitsentziehungen (v. 29. 6. 1956, BGBl. I S. 599, mit späteren Änderungen)
GemS-OBG	= Gemeinsamer Senat der obersten Gerichtshöfe des Bundes
GewStG	= Gewerbesteuergesetz (i. d. F. v. 22. 9. 1978, BGBl. I S. 1557, mit späteren Änderungen)
GG	= Grundgesetz für die Bundesrepublik Deutschland (v. 23. 5. 1949, BGBl. S. 1, mit späteren Änderungen)
GüKG	= Güterkraftverkehrsgesetz (i. d. F. v. 6. 8. 1975, BGBl. I S. 2132, berichtigt S. 2480, mit späteren Änderungen)
GVG	= Gerichtsverfassungsgesetz (i. d. F. v. 9. 5. 1975, BGBl. I S. 1077, mit späteren Änderungen)
HambG	= Hamburgisches Gesetz
Hess	= Hessen, hessisch

HGB	=	Handelsgesetzbuch (v. 10. 5. 1897, RGBl. S. 219, BGBl. III 4100-1, mit späteren Änderungen)
i. d. F. v.	=	in der Fassung vom
i. V. m.	=	in Verbindung mit
JR	=	Juristische Rundschau
JuS	=	Juristische Schulung
JW	=	Juristische Wochenschrift
JZ	=	Juristenzeitung
KG	=	Kammergericht
KO	=	Konkursordnung (i. d. F. v. 20. 5. 1898, RGBl. S. 612, BGBl. III 311-4, mit späteren Änderungen)
KStZ	=	Kommunale Steuer-Zeitschrift
LAG	=	Lastenausgleichsgesetz (v. 14. 8. 1952, BGBl. I S. 446, mit späteren Änderungen)
LM	=	Lindenmaier / Möhring, Nachschlagewerk des Bundesgerichtshofs
MDR	=	Monatsschrift für Deutsches Recht
m. w. N.	=	mit weiteren Nachweisen
n. F.	=	neuer Fassung
NJW	=	Neue Juristische Wochenschrift
oHG	=	offene Handelsgesellschaft
OLG	=	Oberlandesgericht
OLGRspr	=	Die Rechtsprechung des Oberlandesgerichts auf dem Gebiete des Zivilrechts, hrsg. v. Mugdan u. Falkmann
OVG	=	Oberverwaltungsgericht
PflVG	=	Pflichtversicherungsgesetz (v. 5. 4. 1965, BGBl. I S. 213, mit späteren Änderungen)
RAG	=	Reichsarbeitsgericht
RAGE	=	Entscheidungen des Reichsarbeitsgerichts
RAO	=	Reichsabgabenordnung (i. d. F. v. 22. 5. 1931, RGBl. I S. 161, mit späteren Änderungen)
RFH	=	Reichsfinanzhof
RFHE	=	Sammlung der Entscheidungen und Gutachten des Reichsfinanzhofs
RFV	=	Verordnung über die Fürsorgepflicht (i. d. F. v. 27. 2. 1957, BGBl. I S. 147, mit späteren Änderungen)
RG	=	Reichsgericht
RGBl.	=	Reichsgesetzblatt
RGRK	=	Reichsgerichtsrätekommentar (siehe Literaturverzeichnis)
RGZ	=	Entscheidungen des Reichsgerichts in Zivilsachen
RStBl	=	Reichssteuerblatt
RVO	=	Reichsversicherungsordnung (i. d. F. v. 15. 12. 1924, RGBl. I S. 779, BGBl. III 820-1, mit späteren Änderungen)
SeuffArch	=	Seufferts Archiv für Entscheidungen der obersten Gerichte in den deutschen Staaten
SGG	=	Sozialgerichtsgesetz (i. d. F. v. 23. 9. 1975, BGBl. I S. 2535, mit späteren Änderungen)
StPO	=	Strafprozeßordnung (i. d. F. v. 7. 1. 1975, BGBl. I S. 129, berichtigt S. 650, mit späteren Änderungen)
StuW	=	Steuer und Wirtschaft

StVG	= Straßenverkehrsgesetz (v. 19. 12. 1952, BGBl. I S. 837, mit späteren Änderungen)
UStG	= Umsatzsteuergesetz (v. 26. 11. 1979, BGBl. I S. 1953)
VersR	= Versicherungsrecht
VGG	= Gesetz über die Verwaltungsgerichtsbarkeit (betreffend Berlin: v. 8. 1. 1951, VOBl. I S. 46, mit späteren Änderungen)
VGH	= Verwaltungsgerichtshof
ViehSeuchG	= Viehseuchengesetz (i. d. F. v. 23. 2. 1977, BGBl. I S. 313, berichtigt S. 437, mit späteren Änderungen)
VVG	= Gesetz über den Versicherungsvertrag (v. 30. 5. 1908, RGBl. S. 263, BGBl. III 7632-1, mit späteren Änderungen)
VwArch	= Verwaltungsarchiv
VwGO	= Verwaltungsgerichtsordnung (v. 21. 1. 1960, BGBl. I S. 17, mit späteren Änderungen)
VwRspr	= Verwaltungsrechtsprechung in Deutschland. Sammlung oberstrichterlicher Entscheidungen aus dem Verfassungs- und Verwaltungsrecht
VwVfG	= Verwaltungsverfahrensgesetz (v. 25. 5. 1976, BGBl. I S. 1253, mit späteren Änderungen)
VwVollstrG	= Verwaltungs-Vollstreckungsgesetz (v. 27. 4. 1953, BGBl. I S. 157, mit späteren Änderungen)
WEG	= Wohnungseigentumsgesetz (v. 15. 3. 1951, BGBl. I S. 175, berichtigt S. 209, mit späteren Änderungen)
WPM	= Wertpapier-Mitteilungen
ZollG	= Zollgesetz (i. d. F. v. 18. 5. 1970, BGBl. I S. 529, mit späteren Änderungen)
ZPO	= Zivilprozeßordnung (i. d. F. v. 12. 9. 1950, BGBl. I S. 533, mit späteren Änderungen)
ZZP	= Zeitschrift für Zivilprozeß

Überblick

„Steuerprozesse zwischen Privatpersonen" — eine überraschend anmutende Konstellation.

Eine solche Rechtsfigur entsteht, wenn eine Steuerforderung vom Steuerfiskus auf eine Privatperson übergeht. Ein solcher Übergang ergibt sich beispielsweise, wenn die Steuerforderung des Fiskus durch einen Steuer*bürgen* oder durch einen von mehreren *Gesamtschuldnern* (z. B. einen der nach § 128 HGB gesamtschuldnerisch haftenden Gesellschafter einer offenen Handelsgesellschaft) erfüllt wird (§§ 774 Abs. 1 Satz 1, 426 Abs. 2 Satz 1 BGB).

I.

Der *Übergang von Steuerforderungen auf Privatpersonen ist möglich* (§ 1): Die Vorschriften über den Forderungsübergang sind nämlich auch auf öffentlich-rechtliche Forderungen anzuwenden (A). Die hoheitliche Einziehungsgewalt geht allerdings nicht mit über (B). Öffentlich-rechtliche Forderungen sind nicht etwa wegen „höchstpersönlichen Charakters" vom Forderungsübergang ausgeschlossen (C).

Da durch den Übergang der Forderungen ihr *Inhalt nicht verändert* wird (§ 2), bleibt im Falle ihres Überganges vom Steuerfiskus auf eine Privatperson ihr öffentlich-rechtlicher Charakter erhalten — mit der Folge, daß eine Privatperson eine öffentlich-rechtliche Steuerforderung gegen eine andere Privatperson in Händen hält, die im Wege eines *Steuerprozesses zwischen Privatpersonen* (entweder Finanz- oder Verwaltungsrechtsweg!) auszufechten ist (A + D I). Die herrschende Meinung, nach der eine öffentlich-rechtliche Forderung durch den Übergang auf eine Privatperson zu einer privatrechtlichen wird, ist abzulehnen (B). Die auf die Privatperson übergegangene Forderung ist auch dann weiterhin als öffentlich-rechtlich zu qualifizieren, wenn (neben ihr) ein privatrechtlicher Regreßanspruch besteht, z. B. ein Anspruch aus einem Vertrag zwischen Bürge und Hauptschuldner (C), mit der Folge, daß sich durch das Nebeneinander von öffentlich-rechtlichem Zessionsregreß und privatrechtlichem Kausalregreß eine *Rechtswegspaltung* (D II) dergestalt ergibt, daß der Kläger die Wahl zwischen Steuerprozeß und Zivilprozeß hat.

Im Steuerprozeß sind die *Verfahrensvorschriften* (§ 3) der FGO bzw. VwGO, nicht die der ZPO anzuwenden (A). Es gibt aber keine Anfechtungs- und Verpflichtungsklage und kein Einspruchs- oder Widerspruchsverfahren zwischen Privatpersonen (B).

II.

Der richtige Gegner für Einspruch/Widerspruch und Anfechtungsklage gegen den Steuerbescheid ist auch nach dem Forderungsübergang die Steuerbehörde; denn für die Steuerfestsetzung bleibt sie zuständig, nur die Forderung geht über. Der Forderungsübergang bewirkt also *keinen Übergang der verfahrensrechtlichen Position,* es ergibt sich mithin eine *Spaltung* von verfahrensrechtlicher und materiellrechtlicher Position (§ 4).

Beiladungsregelungen (§ 5) gibt es für das gerichtliche Verfahren in §§ 60 FGO, 65, 66 VwGO sowie für das AO-Einspruchsverfahren in § 360 AO (A). Die Beiladung des Steuerbürgen ist nicht notwendig, aber immerhin möglich als sog. einfache Beiladung (B). Die Wirkung der Beiladung besteht darin, daß bestandskräftige Entscheidungen auch den Beigeladenen binden (C).

Ob eine Beiladung erfolgte, ist bedeutsam für den Umfang, in dem die Entscheidung im *Steuerfestsetzungs-(Rechtsmittel-)verfahren* auf das *Verhältnis Gläubiger-Bürge* wirkt (§ 6): Die Aufhebung des Steuerbescheides wirkt auch ohne Beiladung im Verhältnis Gläubiger-Bürge (A); wird der Steuerbescheid bestandskräftig bestätigt (B), so erzeugt das nur dann eine Bindung im Verhältnis Gläubiger-Bürge, wenn der Bürge beigeladen war (I) oder die Bürgschaft erst nach Bestandskraft des Steuerbescheides übernommen hatte (II).

Für die Wirkung des *Verhältnisses Gläubiger-Bürge* auf das *Verhältnis Bürge-Hauptschuldner* (§ 7) ist die Möglichkeit der Streitverkündung zu bedenken: Diese schafft dem Bürgen für den Fall seines Unterliegens gegen den Gläubiger die Gewähr, daß er gegen den Hauptschuldner erfolgreich Regreß nehmen kann.

Die Wirkung der Entscheidung im *Steuerfestsetzungs-(Rechtsmittel-)verfahren* auf das *Verhältnis Bürge Hauptschuldner* (§ 8) ist verschieden, je nachdem, ob der Bürge vor oder nach dem bestands- bzw. rechtskräftigen Abschluß des Steuerfestsetzungs-(Rechtsmittel-)verfahrens zahlt: Zahlt er erst nachher (A), so ist eine Bindungswirkung gegeben; wenn sie aber nur auf dem Rechtsnachfolgeprinzip beruht und nicht (auch) auf der Beiladung des Bürgen, erfaßt sie nur den steuerrechtlichen, nicht auch den privatrechtlichen Regreß des Bürgen gegen den Hauptschuldner (A II). So kann der steuerrechtliche Regreß z. B. infolge eines bestandskräftigen Steuerbescheids günstiger als der privatrechtliche Regreß sein (A III). — Zahlt der Bürge vor dem Abschluß des Steuerfestsetzungs-(Rechtsmittel-)verfahrens, so kann die (spätere) verfahrensabschließende Entscheidung (weder aufgrund des Rechtsnachfolgeprinzips noch aufgrund der §§ 325, 265 ZPO, sondern) nur durch die Beiladung des Bürgen für dessen Regreß gegen den Hauptschuldner maßgeblich sein (B I - IV).

III.

Der praktisch wichtigste Fall, in dem der Zessionsregreß günstiger als der Kausalregreß ist, ergibt sich im *Konkurs des Hauptschuldners* (§ 9): Das Konkursvorrecht des § 61 Abs. 1 Nr. 2 KO haftet der Steuerforderung auch an, wenn diese auf den zahlenden Bürgen (Gesamtschuldner) übergegangen ist (A). Der Vorrechtsstreit ist im selben Rechtsweg auszufechten wie die Forderung (B); dadurch wirken sich meine Ausführungen über den öffentlich-rechtlichen Charakter des Zessionsregresses (§ 2) auf den Vorrechtsstreit aus: Im Konkurs, in dem es auf den (bevorrechtigten) Zessionsregreß ankommt, haben sie ihr wichtigstes praktisches Anwendungsfeld; hier wird sich zeigen, ob meine Ausführungen die bisherige Rechtsprechungspraxis zu ändern vermögen (§ 10 III).

IV.

Weil Bürgschaft und Gesamtschuldnerschaft hinsichtlich öffentlich-rechtlicher Forderungen ihre größte Bedeutung im *Steuerrecht* haben, werden die Probleme dieser Arbeit am Beispiel von Steuerforderungen abgehandelt, und zwar am Beispiel *bundesrechtlich geregelter Steuern* im Sinne von § 1 Abs. 1 oder Abs. 2 AO (z. B. Einkommensteuer, Körperschaftssteuer, Vermögensteuer, Erbschaft- und Schenkungsteuer, Grundsteuer, Gewerbesteuer, Umsatzsteuer; auch Zölle, vgl. § 3 Abs. 1 Satz 2 AO). Außer Betracht bleiben die landes- bzw. kommunalrechtlich geregelten Steuern (z. B. die Hunde-, Vergnügung-, Getränke-, Schankerlaubnissteuer) sowie die durch das Recht der Europäischen Gemeinschaften geregelten Abgaben.

Gegenstand dieser Arbeit ist *nur der gesetzliche Übergang* einer Steuerforderung gemäß §§ 268 Abs. 3 Satz 1, 1150, 1249 Satz 2, 774 Abs. 1 Satz 1, 1143 Abs. 1 Satz 1, 1225 Satz 1, 426 Abs. 2 Satz 1 BGB. Ausgeklammert bleibt ihr rechtsgeschäftlicher Übergang kraft Abtretung (§§ 398 ff. BGB); doch wird gelegentlich auf die gesetzliche Regelung der Abtretung (z. B. § 398 Satz 2 BGB) Bezug genommen.

§ 1 Der Übergang von Steuerforderungen auf Privatpersonen ist möglich

A. Vorschriften über Forderungsübergang sind auch auf öffentlich-rechtliche Forderungen anwendbar

Die Vorschriften über einen gesetzlichen Forderungsübergang (§§ 268 Abs. 3 Satz 1, 1150, 1249 Satz 2, 774 Abs. 1 Satz 1, 1143 Abs. 1 Satz 1, 1225 Satz 1, 426 Abs. 2 Satz 1 BGB) sind auch auf die Erfüllung öffentlich-rechtlicher Forderungen anzuwenden. Denn auch auf die Erfüllung solcher Forderungen trifft die ratio jener Vorschriften zu:

Ohne die Regelung über den Forderungsübergang hätte der Dritte nach Zahlung[1] an den Gläubiger einen Regreßanspruch gegen den Schuldner (nur) aus Vertrag, Geschäftsführung ohne Auftrag oder ungerechtfertigter Bereicherung. Ein solcher Anspruch wäre aber sehr „schwach", wenn er nicht durch Bestellung von Sicherheiten (z. B. Sicherungseigentum, Hypothek, Pfandrecht, Bürgschaft) abgesichert ist; im Konkurs des Schuldners müßte sich der Dritte mit der Konkursquote begnügen.

Um den Regreß des zahlenden Dritten gegen den Schuldner weitestmöglich zu sichern — wobei berücksichtigt werden muß, daß die Rechtsstellung des Schuldners durch die Zahlung des Dritten nicht verschlechtert werden darf —, lag es nahe, dem zahlenden Dritten alle diejenigen Sicherheiten und Vorzugsrechte zukommen zu lassen, die bisher dem befriedigten Gläubiger gegen den Schuldner zustanden. Um dies zu erreichen, hätte der Gesetzgeber bestimmen können, daß die bisher dem Gläubiger zustehenden Sicherungs- und Vorzugsrechte dem Dritten im Rahmen seines Regreßanspruchs aus Vertrag, Geschäftsführung ohne Auftrag oder ungerechtfertigter Bereicherung zukommen; dann hätte er allerdings noch zusätzlich bestimmen müssen[2], daß die Rechtsstellung des aus der Sicherheit (Hypothek, Pfandrecht, Bürgschaft) Verpflichteten durch den Übergang der Sicherheiten auf den Dritten nicht verschlechtert werden darf (solche Verschlechterung

---

[1] Andere Befriedigungsarten (z. B. Aufrechnung) stehen der Zahlung gleich. — Zahlung ist in dieser Arbeit stellvertretend für alle Befriedigungsarten zu verstehen.

[2] Vgl. *D. Reinicke* DB 1967, 847 (848 r. Sp. halbunten).

könnte z. B. eintreten, wenn die Forderung Gläubiger-Schuldner einer kürzeren Verjährung als der Anspruch Dritter-Schuldner unterliegt). Eine derartige Regelung, daß lediglich die bisherigen Sicherungs- und Vorzugsrechte des Gläubigers auf den bereits nach anderen Vorschriften (Vertrag, Geschäftsführung ohne Auftrag oder ungerechtfertigte Bereicherung) bestehenden Regreßanspruch Dritter-Schuldner übergehen, hat der Gesetzgeber nicht getroffen[3]. Er hat vielmehr — weitergehend — in den zitierten Paragraphen bestimmt, daß die gesamte Forderung Gläubiger-Schuldner mitsamt den Sicherungs- und Vorzugsrechten (§§ 412, 401 BGB)[4] auf den Dritten übergeht, so daß zwei Ansprüche im Verhältnis Dritter-Schuldner nebeneinander bestehen, nämlich die auf den Dritten übergehende Forderung Gläubiger-Schuldner neben[5] dem Regreßanspruch aus Vertrag oder Geschäftsführung ohne Auftrag.

Dieser den Vorschriften über den Forderungsübergang zugrundeliegende Gedanke, dem zahlenden Dritten die bisher dem Gläubiger zukommenden Sicherungs- und Vorzugsrechte zugute kommen zu lassen, paßt ebenso wie für die Erfüllung privatrechtlicher Forderungen auch für die Erfüllung öffentlich-rechtlicher Forderungen durch Dritte[6]. Deshalb ist heute fast einhellig anerkannt, daß die zitierten Vorschriften über den Forderungsübergang (i. V. m. §§ 412, 399 ff.[7] BGB) auch für die Dritterfüllung öffentlich-rechtlicher Forderungen gelten[8].

---

[3] Deshalb ist die Konstruktion von *Rimmelspacher* (Materiell-rechtlicher Anspruch und Streitgegenstandsprobleme, S. 225 bei Fußn. 182) abzulehnen, nach der im Falle der Erfüllung einer Forderung durch einen Dritten nicht die gesamte Forderung auf diesen übergehe, sondern (nur) die für sie bestehenden Sicherungs- und Vorzugsrechte auf ihn übergingen und dem bereits nach anderen Vorschriften (Vertrag, Geschäftsführung ohne Auftrag) bestehenden Regreßanspruch Dritter-Schuldner zukämen.

[4] § 401 BGB hat besonders für den gesetzlichen Forderungsübergang Bedeutung: *Motive zum BGB*, S. 124, abgedruckt in *Mugdan*, Band II, S. 68.

[5] Vgl. *Motive zum BGB*, S. 676, und Protokolle, S. 2533, abgedruckt in *Mugdan*, Band II, S. 378 oben und S. 1028 oben. — Wegen der Anspruchskonkurrenzen im einzelnen siehe später Fußn. 135.

[6] Im selben Sinne *Liebisch*, S. 110 (der auf Seite 109 noch zusätzliche Argumente anzuführen weiß, die aber nur für §§ 268 Abs. 3, 774 Abs. 1 BGB, nicht auch für § 426 Abs. 2 BGB gelten: ebd. Fußn. 7).

[7] §§ 398 ff. BGB sind auf öffentlich-rechtliche Forderungen anzuwenden, soweit keine öffentlich-rechtlichen Spezialregelungen eingreifen (ob man von unmittelbarer oder entsprechender Anwendung spricht, ist nur eine terminologische Frage, die zu keinen Unterschieden führt): *Wolff / Bachof* I § 41 IV a (S. 301) und § 43 V b 1 (S. 334 oben); *Palandt / Heinrichs* Überbl. 2 am Ende vor § 398; *Knöpfle*, Festgabe Maunz 1971, S. 225 ff. (237); *RGRK / Weber* Rdnr. 4/5 m. w. N. vor § 398. Offengelassen in *BFHE* 108, 564 (567) = BStBl. II 1973, 513 (515).

Wo allerdings öffentlich-rechtliche Spezialregelungen eingreifen[9,10], ist kein Raum für die Anwendung der zitierten BGB-Vorschriften. Eine solche Anwendungssperre besteht anerkanntermaßen nicht für den in dieser Arbeit interessierenden Bereich: die Dritterfüllung von Steuerforderungen im Sinne der Abgabenordnung. Die Rechtsnachfolgebestimmungen der Abgabenordnung[11] werden zu Recht nicht als abschließende Spezialregelung angesehen: sie sind (nur) auf die Rechtsnachfolge *Privatperson* — Privatperson gemünzt[12]. In den Fällen der Dritterfüllung steuerrechtlicher Forderungen (im Sinne der in dieser Arbeit erörterten Konstellation) ist sedes materiae aber die Frage der Rechtsnachfolge *Hoheitsträger* — Privatperson: für diesen Bereich ist deshalb die Anwendbarkeit der zitierten BGB-Vorschriften unbedenklich und anerkannt[7].

Speziell für §§ 774, 1143, 1225 BGB dürfte die Anwendbarkeit schon daraus folgen[13], daß § 192 AO auf die Vorschriften des BGB verweist: „Wer sich aufgrund eines Vertrages verpflichtet hat, für die Steuer eines anderen einzustehen, kann nur nach den Vorschriften des bürgerlichen Rechts in Anspruch genommen werden."

Zu § 426 BGB ist darauf hinzuweisen, daß § 44 AO keine seine Anwendung ausschließende Sonderregelung enthält: § 44 AO regelt nur das Außenverhältnis des Steuerpflichtigen zum Gläubiger; ihr Innenverhältnis bestimmt sich nach § 426 BGB[14].

B. Die hoheitliche Einziehungsgewalt geht nicht über

Wenn die öffentlich-rechtliche Forderung durch die Drittleistung vom Hoheitsträger auf die Privatperson übergeht, geht — unstreitig[15] —

---

8 Vgl. die Nachweise in Fußn. 23 und Fußn. 52 sowie die weiteren bei *Stolterfoht* JZ 1975, 658 Fußn. 3, 4, 5 zit. Nachweise.

Anderer Meinung nur (soweit ersichtlich) *Becker / Riewald / Koch* § 122 RAO Anm. 7 (4) für den Fall des § 426 Abs. 2 BGB (skeptisch auch *Hübschmann / Hepp / Spitaler / Offerhaus* § 48 AO Rdnr. 3) und *Fritz Werner* VwArch 44 (1939), 273 (283/284) für den Fall des § 268 Abs. 3 BGB.

9 Und diese nicht ausdrücklich oder konkludent auf das BGB verweisen.

10 Ob öffentlich-rechtliche Spezialregelungen eingreifen, muß, „wo das Gesetz schweigt, ... der Art der in Betracht kommenden öffentlich-rechtlichen Verhältnisse entnommen werden": *Fritz Werner* VwArch 44 (1939), 273 (287); ebenso *Knöpfle*, Festgabe Maunz 1971, S. 225 ff. (234). — Zu Beispielen solcher öffentlich-rechtlicher Ausschlußregelungen siehe *Knöpfle* S. 233 - 235.

11 §§ 45, 50 Abs. 2, 75, 166, 182 Abs. 2, 184 Abs. 1 Satz 4, 353 AO.

12 Vgl. *Fritz Werner* VwArch 44 (1939), 273 (275, 276 unten).

13 Im selben Sinne *RGZ* 125, 25 (28).

14 Vgl. *Hübschmann / Hepp / Spitaler / Offerhaus* § 44 AO Rdnr. 39; *Tipke / Kruse* § 44 AO Rdnr. 12; *Heinz Bender* StuW I 1938, Sp. 67 (74 Mitte). — Zur Anwendung des § 426 Abs. 2 BGB auf „öffentlich-rechtliche Gesamtschuldner" vgl. auch *BVerwGE* 11, 43 (47).

15 Allgemeine Meinung, vgl. z. B. *Stolterfoht* JZ 1975, 658 (662 bei Fußn. 60); *Fritz Werner* VwArch 44 (1939), 273 (292 bei Fußn. 38); *Stein / Jonas / Münzberg* Anm. I 1 am Ende vor § 704 (S. 6 oben) und § 835 Anm. V 2 d (S. 5); *Böhle / Stamschräder* § 61 KO Anm. 5 a. — Vgl. z. B. auch *RGZ* 143, 91 (94) zur insoweit gewiß vergleichbaren Abtretung.

die hoheitliche Einziehungsgewalt nicht mit über. Die Privatperson erwirbt nicht die Befähigung, die übergegangene Forderung durch Verwaltungsakt[16] und (oder) Verwaltungsvollstreckung beizutreiben. Denn diese hoheitliche Einziehungsgewalt kommt nur Hoheitsträgern zu; Privatpersonen können diese Rechtsstellung eines Hoheitsträgers nur durch „Beleihung“[17] erlangen; ein bloßer Forderungsübergang stellt aber keine Beleihung dar.

C. Kein Übergangsausschluß durch §§ 412, 399 BGB

Von der Frage nach der Anwendbarkeit der Zessionsvorschriften auf öffentlich-rechtliche Forderungen (S. 18 - 20) ist die Frage zu trennen, ob solche Forderungen überhaupt übergehen können oder ob ihr Übergang an § 399 BGB scheitert:

1. Daraus, daß „keinesfalls die behördlichen, öffentlich-rechtlichen Vollstreckungsbefugnisse des Verwaltungszwangsverfahrens auf eine Privatperson mitübertragen werden“ können, entnimmt RGZ 143, 91 (94)[18] einen „starken Beweisgrund gegen die Zulässigkeit“ des Fordedungsüberganges. Der Wegfall der Einziehungsgewalt verändert jedoch nicht den Inhalt von Forderung und Leistung im Sinne des § 399 BGB. Denn die Einziehungsgewalt ist kein Wesensmerkmal öffentlich-rechtlicher Forderungen: weder die öffentlich-rechtlichen Forderungen aus Verträgen[19] noch die öffentlich-rechtlichen Forderungen der Privatpersonen gegen Hoheitsträger können mit Zwangsgewalt beigetrieben werden.

2. Ein Übergangsausschluß im Sinne der §§ 412, 399 BGB läßt sich auch nicht aus einem „höchstpersönlichen Charakter“ steuerrechtlicher Forderungen entnehmen. Der These von der Höchstpersönlichkeit öffentlich-rechtlicher Rechtspositionen kann hier nicht in allen Einzelheiten nachgegangen werden; soviel läßt sich jedoch sagen, daß öffentlich-rechtliche Geldansprüche in aller Regel nicht höchstpersönlich sind[20].

---

[16] Ebensowenig geht die Änderungs- und Berichtigungsbefugnis (§§ 172 bis 174 AO) oder die Kompetenz zur Forderungs- und Vorrechtsfeststellung (§ 251 Abs. 3 AO, vgl. S. 121 unter c) auf die Privatperson über.

[17] Zu dieser Rechtsfigur siehe *Wolff / Bachof* II § 104 m. w. N.

[18] Die Entscheidung betrifft den rechtsgeschäftlichen Forderungsübergang, der hinsichtlich der hier zitierten Aussage mit dem gesetzlichen gleichgelagert ist.

[19] Vgl. *BVerwGE* 50, 171 (175 m. w. N.).

[20] *BVerwGE* 11, 43 (46 unten); 11, 296 (298); *Wallerath* JuS 1971, 460 (465 m. w. N.); *Knöpfle*, Festgabe Maunz 1971, S. 225 (230); *Wolff / Bachof* I § 43 V vor a S. 333).

Demgemäß erkennt die heute ganz herrschende Auffassung[21] an, daß öffentlich-rechtliche — auch steuerrechtliche — Geldforderungen auf Privatpersonen übergehen können.

---

[21] Zur herrschenden Meinung vgl. die Nachweise in Fußn. 23 und Fußn. 52 sowie die weiteren bei *Stolterfoht* JZ 1975, 658 Fußn. 3, 4, 5 zit. Nachweise. — Der gesetzliche Forderungsübergang wird, soweit ersichtlich, nur von den in Fußn. 8 zitierten Autoren abgelehnt.

Früher: Das *Reichsgericht* neigte zur Zulässigkeit des gesetzlichen, aber zur Unzulässigkeit des rechtsgeschäftlichen Forderungsüberganges, *RGZ* 125, 25 (27, 30); 143, 91 (94); offengelassen in *RGZ* 146, 317 (320). Den rechtsgeschäftlichen Übergang hielt auch die überwiegende Meinung im Schrifttum für unzulässig: z. B. *Bühler* S. 222 f.; *Walter Müller* S. 64 - 66 m. w. N.; *Guthmann* S. 16 - 19; *Crisolli* JW 1937, 1218 f.; *Fritz Werner* VwArch 44 (1939), 273 (287/288 unter a); *Waldmann*, Deutsche Justiz 1942, 404 (406 unter IV).

Sowohl den rechtsgeschäftlichen als auch den gesetzlichen Übergang lehnte *Bengs* JW 1937, 437 (439) ab.

Für die Zulässigkeit sowohl des gesetzlichen als auch des rechtsgeschäftlichen Übergangs früher schon *Liebisch* S. 109 - 113.

§ 2 Keine Inhaltsänderung durch den Forderungsübergang

Wenn eine Forderung kraft §§ 268 Abs. 3 Satz 1, 1150, 1249 Satz 2, 774 Abs. 1 Satz 1, 1143 Abs. 1 Satz 1, 1225 Satz 1, 426 Abs. 2 Satz 1 BGB übergeht, wird ihr Inhalt nicht verändert. Gemäß dem Wortlaut der Vorschriften („soweit der Dritte/Bürge/Eigentümer/Verpfänder/Gesamtschuldner den Gläubiger befriedigt, geht die Forderung auf ihn über“) geht dieselbe Forderung, die der Dritte erfüllt, auf diesen über. Nur die Forderungsinhaberschaft (die Aktivlegitimation) wechselt: es tritt nur „der neue Gläubiger an die Stelle des bisherigen Gläubigers“ (so der Wortlaut des § 398 Satz 2 BGB); eine Novation (Erneuerung) der Schuld findet nicht statt[22].

A. Die übergehende Forderung behält ihren öffentlich-rechtlichen Charakter

I. Das Zessionsprinzip

Daß durch den Forderungsübergang keine Inhaltsänderung eintritt, muß kraft des eindeutigen Wortlauts der Zessionsvorschriften auch für die von einem Hoheitsträger auf eine Privatperson übergehende öffentlich-rechtliche Forderung gelten: Eine öffentlich-rechtliche Forderung muß auch nach ihrem Übergang auf die Privatperson weiterhin als öffentlich-rechtlich qualifiziert werden. Folglich muß der Erwerber der übergangenen öffentlich-rechtlichen Forderung gegen den Schuldner eine öffentlich-rechtliche Streitigkeit zwischen Privatpersonen austragen. Somit ergibt sich ein Verwaltungsprozeß zwischen Privatpersonen — im Falle des Übergangs einer Steuerforderung: ein Steuerprozeß zwischen Privatpersonen[23].

Das Zessionsprinzip hat der Bundesgerichtshof in BGHZ 9, 65 (72)[24] anerkannt:

---

[22] Allgemeine Meinung, vgl. z. B. *BGHZ* 3, 136 (138); *BFHE* 117, 23 (28 oben m. w. N.); *K. Larenz*, Lehrbuch des Schuldrechts, I. Band: Allgemeiner Teil, 11. Aufl. 1976, § 33 III am Ende, S. 449 oben; *Erman / Westermann* § 398 Rdnr. 25; vgl. auch *Erman / Seiler* § 774 Rdnr. 4.

[23] In diesem Sinne (zu § 774 Abs. 1 BGB) *André* NJW 1973, 1495 (1496); *Erman / Seiler* § 774 Rdnr. 4, 6; siehe auch *Palandt / Thomas* § 774 Anm. 2 vor a. — Ebenso (zu § 426 Abs. 2 BGB) *Schnorr von Carolsfeld*, Anm. zu BAG AP Nr. 5 zu § 670 BGB (Bl. 3 Rücks. unten/Bl. 4 oben).

[24] Näher zu dieser Entscheidung: S. 48 unten/49 oben.

„Bei einem (rechtsgeschäftlichen oder gesetzlichen) Forderungsübergang (bleibt) der Charakter der Forderung als solcher unverändert und deshalb (muß) auch die Art der gerichtlichen Verfolgbarkeit durch den Gläubigerwechsel unberührt bleiben.“

II. Die herrschende Subjektstheorie

Die übergangene und nun zwischen zwei Privatpersonen bestehende Forderung weiterhin als öffentlich-rechtlich zu qualifizieren, entspricht auch der herrschenden Formel zur Abgrenzung von öffentlichem und privatem Recht. Auf den Abgrenzungsstreit näher einzugehen, würde den Rahmen dieser Arbeit sprengen: Angesichts der Schwächen der Subjektionstheorie[25] und der sonstigen — vereinzelt vertretenen — Theorien[26], wie z. B. der Interessentheorie[26], wird hier die — heute herrschende — Subjektstheorie zugrundegelegt:

Nach der Subjektstheorie von Wolff „liegt die Unterscheidung von öffentlichem und privatem Recht in einer Verschiedenheit der die Rechtsordnung bildenden Rechtssätze, und zwar in einer Verschiedenheit der Zuordnungssubjekte, d. h. derjenigen Subjekte, denen subjektive Rechte und Pflichten zugeordnet sind. ... ‚Öffentliches Recht‘ ist der Inbegriff derjenigen Rechtssätze, deren berechtigtes oder verpflichtetes Zuordnungssubjekt ausschließlich ein Träger hoheitlicher Gewalt ist ... *Öffentlich-rechtlich sind mithin diejenigen* Pflichten, Rechte, *Ansprüche* und Rechtsverhältnisse, *die sich aus einem Rechtssatz ergeben, der notwendig nur ein Subjekt hoheitlicher Gewalt verpflichtet oder berechtigt*[27].“

Die Qualifizierung des Steueranspruchs als öffentlich-rechtlich oder privatrechtlich hängt also davon ab, ob der ihm zugrundeliegende Rechtssatz als öffentlich-rechtlich oder privatrechtlich anzusehen ist. Die steuerrechtlichen Tatbestände sind Rechtssätze, die notwendig ein

---

25 Die Schwäche der (früher herrschenden, siehe Fußn. 57) Subjektionstheorie besteht darin, daß sie nicht geeignet ist, die gleichgeordneten, aber dennoch anerkanntermaßen öffentlich-rechtlichen Verhältnisse zwischen mehreren Trägern öffentlicher Gewalt zu erfassen und die Über-Unterordnungsverhältnisse des Privatrechts auszuklammern. — Vgl. *Wolff / Bachof* I § 22 II a 7 (S. 98); Beispiele für „hoheitliches Privatrecht“ bei *F. Baur* JZ 1963, 41 (42 unter 2).

26 Ihre Schwächen hat *Wolff* (Wolff / Bachof I § 22 II a S. 98) zutreffend herausgearbeitet. — Gegen die Interessentheorie (Nachweise in Fußn. 80) sei als Beispiel angeführt, daß eine Geschäftsführung ohne Auftrag anerkanntermaßen auch dann privatrechtlicher Natur ist, wenn mit ihr eine Pflicht des Geschäftsherrn erfüllt wird, die im öffentlichen Interesse liegt (§§ 677, 679 BGB).

27 *Wolff / Bachof* I § 22 II c S. 99. — Die Erweiterung dieser Formel auf S. 100 ebd. („Zum öffentlichen Recht gehören *ferner* die Rechtsbeziehungen zwischen Zivilpersonen, soweit sie den Inhalt einer Verpflichtung betreffen, die durch *verwaltungsrechtlichen Vertrag* übernommen *oder durch öffentliches Recht der einen zugunsten einer anderen auferlegt ist.*“) kann unberücksichtigt bleiben, da die darin aufgezeigten Alternativen als nicht einschlägig erscheinen und sich die öffentlich-rechtliche Qualifizierung schon aus dem im Text zitierten „Grundtatbestand“ der Subjektstheorie ergibt.

Subjekt hoheitlicher Gewalt berechtigen: nur zugunsten eines Subjekts hoheitlicher Gewalt kann ein Steueranspruch entstehen. Die Rechtssätze, die einen Steueranspruch normieren, sind also öffentlich-rechtliche Rechtssätze. Damit ist auch der Steueranspruch als öffentlich-rechtlich zu qualifizieren. Diese öffentlich-rechtliche Qualifizierung gilt auch nach dem Übergang des Anspruchs auf eine Privatperson; da der Rechtssatz, aus dem sich der Steueranspruch ergibt, seine Rechtsnatur nicht ändert, sondern öffentlich-rechtlich bleibt, muß nach der Formel von Wolff auch der Steueranspruch öffentlich-rechtlich bleiben.

Dieses Ergebnis kann nicht durch den Hinweis in Frage gestellt werden, daß der Forderungsübergang auf Rechtssätzen beruhe, die im BGB normiert sind (§§ 268 Abs. 3, 774 Abs. 1, 426 Abs. 2 BGB usw.). Denn auf *deren* Rechtscharakter kommt es nicht an: sie sind nur die anspruchsüberleitenden Normen. Maßgeblich für die rechtliche Qualifikation eines Anspruchs sind nur die Rechtssätze, aus denen sich der Anspruch ergibt (sog. „Anspruchsgrundlage"); diese aber sind die — zuvor als öffentlich-rechtlich qualifizierten — Rechtssätze des Steuerrechts.

Selbst wenn man aber die Rechtsnatur der Zessionsvorschriften berücksichtigen wollte, würde nur die öffentlich-rechtliche Qualifizierung bestätigt: Sie haben zwar ihren Standort im BGB; in welchem Gesetzeskomplex eine Norm ihren Standort hat, ist für ihre rechtliche Qualifizierung aber nicht entscheidend[28]. Entscheidend ist nach der Subjektstheorie von Wolff vielmehr, daß diesen Rechtssätzen — wenn und soweit sie auf den Legitimationsverlust eines Subjekts hoheitlicher Gewalt angewendet werden — in diesem Anwendungsbereich ein Subjekt hoheitlicher Gewalt notwendig zugeordnet ist; in diesem Bereich kommen sie als öffentlich-rechtliche Normen zur Anwendung (üblicherweise spricht man insoweit von einer analogen Anwendung der BGB-Normen im öffentlichen Recht). Auch dann also, wenn man auf die Zessionsvorschriften abstellen würde, ergäbe sich die öffentlich-rechtliche Qualifizierung des übergegangenen und nun zwischen Privatpersonen bestehenden Anspruchs.

Durch den Übergang einer öffentlich-rechtlichen Forderung von einem Hoheitsträger auf eine Privatperson ergibt sich also der Fall eines öffentlich-rechtlichen Anspruchs zwischen Privatpersonen. Ob sich diese Konstellation nur kraft Rechtsnachfolge ergeben kann oder ob auch

---

[28] *Merten* VwArch 66 (1975), 387 (389 - 391) und Festschrift Karl Sieg 1976, S. 383 (386 f. unter 1): Es gibt z. B. BGB-Vorschriften, die als rein öffentlich-rechtlich anerkannt sind (z. B. §§ 55 ff., 1817 - 1828, 2353 ff. BGB), ebenso wie es umgekehrt RVO-Vorschriften gibt, die als rein privatrechtlich anerkannt sind (§§ 636, 637 RVO).

Modifizierend *OBG GemS* NJW 1974, 2087 (2088) = BSGE 37, 292 (295): „Der Standort einer Vorschrift ist zwar für sich allein kein eindeutiges Kriterium für die Qualifikation der auf ihr beruhenden Ansprüche; immerhin ... ein gewichtiges Indiz dafür, daß die Vorschrift zu diesem Rechtsgebiet gehört." — Zu dieser Entscheidung vgl. S. 28.

originär-öffentlich-rechtliche Ansprüche zwischen Privatpersonen denkbar sind[29], kann hier dahinstehen.

III. Eröffnung des „öffentlich-rechtlichen Rechtsweges" für Streitigkeiten zwischen Privatpersonen ist weder außergesetzlich noch ein Novum

1. Gegen die Bejahung des Verwaltungs-, Finanz- bzw. Sozialrechtsweges läßt sich nicht ins Feld führen, Streitigkeiten zwischen Privatpersonen könnten nicht als öffentlich-rechtliche Streitigkeiten im Sinne der §§ 40 VwGO, 33 FGO, 51 SGG angesehen werden. Diesen Rechtswegklauseln läßt sich eine Begrenzung auf Streitigkeiten zwischen Privatperson und Hoheitsträger und solche zwischen mehreren Hoheitsträgern nicht entnehmen, da sie ausschließlich auf das Vorliegen einer öffentlich-rechtlichen Streitigkeit[30], also auf den Streit-Gegenstand, nicht auf die Streit-Personen abstellen.

2. Ebensowenig ergibt sich aus den Vorschriften über den richtigen Klagegegner (§§ 78 VwGO, 63 FGO) eine Begrenzung auf Klagen gegen Hoheitsträger:

a) § 78 VwGO betrifft entsprechend der Überschrift des 8. Abschnitts (§§ 68 ff.) nur die Anfechtungs- und Verpflichtungsklagen, die nicht gegen Privatpersonen gerichtet werden können, da von diesen kein Verwaltungsakt erlassen werden kann[31]. Im SGG findet sich überhaupt keine Vorschrift über den richtigen Klagegegner. Feststellungs- und Leistungsklagen gegen Privatpersonen werden also weder durch § 78 VwGO noch durch das SGG ausgeschlossen.

b) Daß eine Klage nur gegen Hoheitsträger gerichtet werden könne, läßt sich allenfalls für die FGO diskutieren: denn § 63 FGO trifft Regelungen zur Passivlegitimation nicht nur für die Anfechtungs- und Verpflichtungsklage, sondern auch für die (allgemeine) Leistungsklage (Abs. 1 Nr. 2 2. Altern.) sowie für die Feststellungsklage (Nr. 3).

§ 63 FGO kann aber schwerlich als abschließende Regelung angesehen werden; denn seine Funktion besteht — jedenfalls in erster Linie — darin „klarzustellen, daß die Klage sich nicht — wie bei der allgemeinen Verwaltungsgerichtsbarkeit — gegen die durch die Behörde vertretene Körperschaft (Bund, Länder, Gemeinden), sondern gegen die ... Behörde richtet"[32]: *wenn* ein Hoheitsträger verklagt wird, muß die Klage gegen die Behörde und nicht gegen die Körperschaft

---

[29] Vgl. die auf S. 28 (unter b) zitierten Entscheidungen.

[30] Nichtverfassungsrechtlicher Art.

[31] Siehe S. 21 oben bei Fußn. 16.

[32] S. 8 *zu* BT-Drucks. V/3196 zum früheren § 63 FGO (im Entwurf § 59 a); ebenso BT-Drucks. IV/1446 S. 49 zu § 56 FGO.

gerichtet werden. Über diese Aussage hinaus der Vorschrift des § 63 FGO zu entnehmen, daß sie eine abschließende Regelung treffe und Klagen *nur* gegen Hoheitsträger (Behörden) gerichtet werden könnten, ginge aber zu weit. Als Argument für einen abschließenden Charakter des § 63 FGO kann nicht angeführt werden, daß sich der Regelungsbereich der Neufassung[33] schließlich auch auf die Feststellungsklage und somit auf alle Klagetypen erstrecke; denn die Einbeziehung der Feststellungsklage diente nur der Klarstellung[34], daß auch bei ihr, wenn sie sich gegen einen Hoheitsträger richtet, nicht die Körperschaft, sondern die Behörde zu verklagen ist.

Weder dem Wortlaut des § 63 FGO noch seiner Entstehungs-(Entwicklungs-)geschichte kann also entnommen werden, daß finanzgerichtliche Klagen gegen Nicht-Hoheitsträger — Privatpersonen — ausgeschlossen seien.

Zwischenergebnis: Weder die Rechtswegklauseln noch die Vorschriften über den richtigen Klagegegner ergeben, daß der Verwaltungs-(Finanz-, Sozial-)rechtsweg für Streitigkeiten zwischen Privatpersonen verschlossen wäre.

3. Verwaltungs-(Finanz-, Sozial-)gerichtsprozesse mit Privatpersonen auf Kläger- *und* Beklagtenseite sind schon bisher unbeanstandet geführt worden:

a) Für *Feststellungsklagen* leuchtet die Möglichkeit verwaltungs-(finanz-, sozial-)gerichtlicher Prozesse zwischen Privatpersonen ohne weiteres ein; denn Gegenstand einer Feststellungsklage kann auch die Rechtsbeziehung des Klägers oder des Beklagten zu einem Dritten sein[35] (in solchen Konstellationen ist allerdings oft das Feststellungsinteresse problematisch). So kann der Kläger eine eigene öffentlich-rechtliche Rechtsbeziehung oder eine solche des Beklagten zum Streitgegenstand machen und dadurch eine öffentlich-rechtliche Streitigkeit zwischen Privatpersonen herbeiführen, z. B.:

— Eine Privatperson begehrt die Feststellung, daß sie (und nicht die beklagte Privatperson) der Gläubiger einer öffentlich-rechtlichen Forderung sei (öffentlich-rechtlicher Prätendenstreit zwischen Privatpersonen, z. B. darüber, wem die Lastenausgleichsentschädigung zusteht).

— Eine Privatperson begehrt die Feststellung, daß die beklagte Privatperson gegenüber dem Hoheitsträger verpflichtet sei, sie — die klagende Privatperson — unentgeltlich zu befördern (BVerwGE 37, 243).

---

[33] Art. 54 EGAO (BGBl. 1976 I S. 3341 = BStBl. I S. 694).

[34] BT-Drucks. V/3196 S. 8 zu Art. 1 Nr. 9 (§ 63 Satz 1 FGO); vgl. auch *BFHE* 99, 185 (191) = BStBl. II 1970, 648 (651 unter 5).

[35] Ganz herrschende Meinung: vgl. z. B. *BGH* NJW 1979, 871 (872 unter 2.); *Eyermann / Fröhler* § 43 Rdnr. 7 m. w. N.; *Schunck / de Clerck* § 43 Anm. 2 b; *Tipke / Kruse* § 41 FGO Rdnr. 2 + 5. — Kritisch jüngst *Trzaskalik*, Die Rechtsschutzzone der Feststellungsklage, 1978, S. 156 - 166.

— Eine Privatperson begehrt die Feststellung, daß die Zuweisung ihres Personenkraftwagens an die beklagte Privatperson unwirksam sei (Hess VGH MDR 1950, 374).

Gegenüber solchen „öffentlich-rechtlichen *Feststellungsklagen* zwischen Privatpersonen" wird man schwerlich grundsätzliche Bedenken (von der Frage des Feststellungsinteresses abgesehen) erheben können.

b) Zweifelhafter ist schon, ob „öffentlich-rechtliche *Leistungsklagen* zwischen Privatpersonen" denkbar sind. Denn Gegenstand einer Leistungsklage kann (vom Ausnahmefall der Prozeßstandschaft abgesehen) immer nur ein Anspruch des Klägers gegen den Beklagten sein: Wie kann ein Anspruch zwischen Privatpersonen öffentlich-rechtlicher Natur sein und für ihn der Weg der Leistungsklage im Verwaltungs-, Finanz- bzw. Sozialrechtsweg eröffnet sein?

In manchen Entscheidungen werden schon bisher öffentlich-rechtliche Ansprüche zwischen Privatpersonen angenommen:

BSGE 11, 218[36]: Das versicherungspflichtige Mitglied einer sog. Ersatzkasse, das die Sozialversicherungsbeiträge in voller Höhe selbst gezahlt hatte, klagte gegen seinen (damaligen) Arbeitgeber, daß dieser ihm die Hälfte der gezahlten Beiträge erstatte (§ 520 RVO). Die Klage wurde als öffentlich-rechtliche Streitigkeit in Angelegenheiten der Sozialversicherung qualifiziert (§ 51 Abs. 1 SGG).

GemS-OBG (BSG/BAG) NJW 1974, 2087[37]: Wenn ein Angestellter von seinem Arbeitgeber einen Zuschuß zur Krankenversicherung verlangt (§ 405 RVO), sei eine öffentlich-rechtliche Streitigkeit gegeben und somit der Rechtsweg zu den Sozialgerichten (und nicht zu den Arbeitsgerichten) eröffnet.

BGHZ 35, 175: Der Eigentümer, dem im Umlegungsverfahren ein neues Grundstück zugeteilt worden war, verlangte von dem Erwerber seines früheren Grundstücks, ihm die Entfernung der dort verbliebenen Bäume, für die ihm keine Geldabfindung gegeben wurde, zu gestatten (§ 50 Abs. 2 Satz 3 FlurbG). Diese Streitigkeit wurde als öffentlich-rechtlich qualifiziert und demgemäß an das Verwaltungsgericht (genauer: Flurbereinigungsgericht, §§ 138, 140 FlurbG) verwiesen.

Daß es sich in diesen Fällen um die Annahme *originär*-öffentlich-rechtlicher Ansprüche handelte und ob ihre öffentlich-rechtliche Qualifizierung richtig ist[38], interessiert hier nicht. Wichtig für die in dieser Arbeit erörterten Rechtsnachfolgefälle (Übergang öffentlich-rechtlicher Forderungen in Privathand) ist, daß die Gerichte den Streit der Privatpersonen als öffentlichrechtlich qualifizierten und — folgerichtig — den Verwaltungs- bzw. Sozialrechtsweg für gegeben hielten: Die Eröffnung des „öffentlich-rechtlichen Rechtsweges" für Leistungsklagen zwischen Privaten ist somit kein Novum.

---

[36] = NJW 1960, 1077 (nur Leitsätze).

[37] = BSGE 37, 292. — Vgl. Fußn. 28.

[38] Die Erörterung dieser Frage bleibt einer gesonderten Abhandlung vorbehalten.

Wenn sich also die auf die Privatperson übergehende Forderung als weiterhin öffentlich-rechtlich erweist, kann die Folgerung nicht beanstandet werden, daß sich eine im „öffentlich-rechtlichen Rechtsweg“ zwischen Privaten auszufechtende Leistungsklage ergibt.

4. *Ergebnis:* Die Eröffnung des Verwaltungs-(Finanz-, Sozial-)rechtsweges für öffentlich-rechtliche Streitigkeiten zwischen Privatpersonen ist weder außergesetzlich noch ein Novum. Der Einwand, daß Streitigkeiten zwischen Privaten nicht von den §§ 40 VwGO, 33 FGO, 51 SGG erfaßt würden, greift nicht durch. Er hätte im übrigen die unannehmbare Konsequenz, daß für solche Klagen weder der Verwaltungs-(Finanz-, Sozial-)rechtsweg noch (mangels privatrechtlicher[39] Streitigkeit) der ordentliche Rechtsweg gegeben wäre.

IV. Weitere Argumente für öffentlich-rechtliche Qualifizierung

Außer dem Zessionsprinzip (I) und der Subjektstheorie (II) sprechen noch weitere Gesichtspunkte dafür, eine öffentlich-rechtliche Forderung nach ihrem gesetzlichen Übergang auf eine Privatperson weiterhin als öffentlich-rechtlich zu qualifizieren und einen Rechtsnaturwandel abzulehnen:

a) Eine privatrechtliche Qualifizierung der übergegangenen Forderung erwiese sich als bloße „Schale“. Denn *Inhalt und Bestand* der Forderung werden *weiterhin durch das öffentliche Recht*[40] bestimmt, weil der Übergang der Forderung ihren Inhalt nicht verändert, sondern nur ein Gläubigerwechsel stattfindet[41, 42].

b) Weil Inhalt und Bestand der Forderung nach ihrem Übergang auf die Privatperson weiterhin durch das öffentliche Recht bestimmt werden, wäre ihre privatrechtliche Qualifizierung außerdem im Hinblick auf den Rechtsweg unzweckmäßig[43]. Denn die Beurteilung der öffentlich-rechtlichen Fragen ist aus dem Gesichtspunkt der *Sachnähe* besser bei den *Verwaltungs-, Finanz- bzw. Sozialgerichten* aufgehoben als bei den ordentlichen Gerichten.

---

[39] Oder strafrechtlicher.

[40] Jedenfalls in erster Linie. In zweiter Linie können (wegen § 774 Abs. 1 Satz 3 BGB und wegen des Soweit-Satzes in § 426 Abs. 2 Satz 1, siehe Seite 39/40 und Seite 43) auch im Verhältnis Bürge-Hauptschuldner oder Gesamtschuldner-Gesamtschuldner begründete privatrechtliche Begrenzungen maßgeblich sein.

[41] Siehe oben § 2 (S. 23 bei Fußn. 22).

[42] Zu den Auswirkungen der öffentlich-rechtlichen Bestimmung von Inhalt und Bestand der übergegangenen Forderung siehe Seite 54 - 56.

[43] Zweckmäßigkeitsgesichtspunkte in Grenzfällen heranzuziehen, ist zulässig, *BGHZ* 66, 229 (237 unter 4). Den Gesichtspunkt der Sachnähe berücksichtigen auch *BGHZ* 57, 130 (136); 43, 34 (40); *BGH* DVBl. 1963, 438 (439) = LM Nr. 9 zu § 40 VwGO.

c) Eine öffentlich-rechtliche Forderung nach ihrem Übergang auf eine Privatperson als privatrechtlich zu qualifizieren, wäre ferner *inkonsequent*, verglichen mit dem *rechtsgeschäftlichen Übergang:* Eine öffentlich-rechtliche Forderung bleibt im Falle ihres rechtsgeschäftlichen Überganges (Abtretung) auf eine Privatperson nach herrschender Meinung[44] weiterhin öffentlich-rechtlich.

d) Eine öffentlich-rechtliche Forderung nach ihrem Übergang auf eine Privatperson als privatrechtlich zu qualifizieren, wäre auch *inkonsequent*[45], verglichen mit dem *umgekehrten Fall:* Eine privatrechtliche Forderung ist anerkanntermaßen nach ihrem Übergang von einer Privatperson auf einen Hoheitsträger weiterhin als privatrechtlich zu qualifizieren[46], gleichgültig, ob der Übergang kraft Gesetzes[47], kraft überleitenden Verwaltungsaktes[48] oder kraft Abtretung[49] erfolgt.

e) Die Annahme, ein Gläubigerwechsel könne einen Rechtsnaturwandel bewirken, ergäbe schließlich im Falle eines *Prätendentenstreits zwischen Alt- und Neugläubiger* unlösbare Rechtswegprobleme: Der Streit um die Inhaberschaft einer Forderung ist in dem Rechtsweg auszutragen, der für den Streit um die Forderung selbst gegeben ist. Wenn die Forderung privatrechtlicher Natur ist, ist der Streit um ihre Inhaberschaft im ordentlichen Rechtsweg auszutragen (vgl. § 75 ZPO); wenn die Forderung öffentlich-rechtlicher Natur und im Verwaltungs-, Finanz- oder Sozialrechtsweg auszufechten ist, ist auch der Streit um ihre Inhaberschaft in diesem Rechtsweg auszutragen[50]. Würde man eine öffentlich-rechtliche Forderung nach ihrem Übergang auf eine

---

44 *RGZ* 143, 91 (93 f.). Ebenso *AG Krefeld* NJW 1979, 722 (723 unter II); *Pestalozza* JZ 1975, 50 (55 unter V 3 b); *Steckert* DVBl. 1971, 243 (248 bei Fußn. 65).

45 Ebenso *André* NJW 1973, 1495/1496 (unter 4 und 5) und *Rimmelspacher* JZ 1975, 165 (166 bei Fußn. 19/20).

46 Das Arbeitsgerichtsgesetz bestimmt für seinen Geltungsbereich in § 2 Abs. 4 Satz 1 einheitlich für alle Arten der Rechtsnachfolge: „Die in Abs. 1 Nr. 1 - 3 begründete Zuständigkeit besteht auch in den Fällen, in denen der Rechtsstreit durch einen Rechtsnachfolger ... geführt wird."

47 z. B. § 1542 Abs. 1 RVO (vgl. die Nachweise bei *Rimmelspacher* ebd. Fußn. 20), § 182 Abs. 10 RVO (*BAG* NJW 1979, 286), § 127 AFG, § 52 BRRG, § 87 a BBG, § 130 Abs. 1 BRAGO, § 49 Abs. 6 und 7 BSeuchG, § 72 a ViehSeuchG, § 33 Abs. 3 BLG.

48 z. B. §§ 90, 91 BSHG (*BVerwGE* 50, 64, 67 - 69; 34, 219, 223 unten; zur Vorläuferbestimmung § 21 a RFV: *BVerwGE* 10, 209, 211 unten; 11, 249, 251 oben), § 37 BAFöG (*BVerwGE* 55, 23, 28/29; *BVerwG* NJW 1976, 2280/2281), § 23 Abs. 3 GüKG (*BGHZ* 31, 88, 91).

49 *BVerwGE* 13, 307 (311 Mitte): „Durch die Abtretung einer privatrechtlichen Geldforderung an den Ausgleichsfonds würde diese ... ihren ursprünglichen Charakter ... nicht verloren haben. Eine Abtretung bewirkt keine Veränderung des Rechts, sondern nur einen Gläubigerwechsel (vgl. auch § 399 BGB)."

50 Vgl. S. 27 unten (vorletztes Beispiel).

Privatperson als privatrechtlich qualifizieren, so wäre die Rechtswegfrage für einen Prätendentenstreit zwischen Steuerfiskus und Drittleistendem (z. B. der Fiskus bestreitet, von dem Dritten bereits befriedigt worden zu sein) unlösbar: soll dieser Prätendentenstreit im Verwaltungs-, Finanzrechtsweg oder im ordentlichen Rechtsweg ausgefochten werden?

V. Ergebnis

Wenn die öffentlich-rechtliche Forderung eines Hoheitsträgers auf eine Privatperson übergeht, ergibt sich ein öffentlich-rechtlicher Anspruch zwischen Privatpersonen, der im Verwaltungs-, Finanz- bzw. Sozialrechtsweg auszufechten ist[51].

B. Die abweichende herrschende Meinung

Die herrschende Meinung[52] hingegen nimmt an, daß eine öffentlich-rechtliche Forderung im Falle des gesetzlichen[53] Überganges auf eine Privatperson zu einer privatrechtlichen werde und demgemäß im ordentlichen Rechtsweg auszufechten sei.

I. Zur Auffassung des Reichsgerichts

Nachdem das Reichsgericht in älteren Entscheidungen (RGZ 67, 214; vgl. auch RGZ 70, 405) keinerlei Zweifel an dem privatrechtlichen Charakter der übergegangenen Forderung geäußert hatte, hat es dann erstmals in RGZ 135, 25, 29 f. (ebenso später in RGZ 146, 317, 319 f.) eine nähere Begründung gegeben:

„Gerade für das Verhältnis des Privatrechts zum *Steuerrecht*, das in der Erfüllung seiner Zwecke überall *an privatrechtlich geordnete Verhältnisse*

---

[51] Siehe Fußn. 23.

[52] Vgl. die Nachw. im folgenden Text (bzw. in den Fußnoten) sowie außerdem: *Tipke / Kruse* § 48 AO Rdnr. 1, § 192 AO Rdnr. 3; *Hübschmann / Hepp / Spitaler / Offerhaus* § 48 AO Rdnr. 14; *Tipke*, Lehrbuch, § 9, 3.32 am Ende (S. 117); *Kruse* § 14 II 2 a (S. 142). Nachw. zum älteren Schrifttum in Fußn. 21.

Aufgliederung nach den einzelnen Vorschriften:

a) Zu §§ 268 Abs. 3, 1150, 1249 BGB: *RGZ* 146, 317 (319 f.); 70, 405 (409); 67, 214 (221); *BGH* NJW 1956, 1197; auch *Waldmann* Deutsche Justiz, 1942, 404 (406 unter c); *Palandt / Bassenge* § 1249 Anm. 4.

b) Zu §§ 774 Abs. 1, 1143, 1225 BGB: *BGH* NJW 1973, 1077 f.; *RGZ* 135, 25 (28 - 30); *Staudinger / Brändl* § 774 Rdnr. 3 am Ende; *RGRK / Mormann* § 774 Rdnr. 2; *Rössler* StuW I 1968, Sp. 629 (634).

c) Zu § 426 Abs. 2 BGB: *RGZ* 70, 405 (410); vgl. auch BAG AP Nr. 1 zu § 670 BGB (unter 2 f.) und *RAGE* 10, 180 (185 oben); *Tipke / Kruse* § 44 AO Rdnr. 12; *Hübschmann / Hepp / Spitaler / Offerhaus* § 44 AO Rdnr. 39.

[53] Anders im Falle eines rechtsgeschäftlichen Überganges (Abtretung): Siehe S. 30 unter c).

anknüpfen muß, kann insbesondere in Fällen von der Art des vorliegenden nicht von der Hand gewiesen werden, daß *ein vom öffentlichen Recht ausgehendes Rechtsverhältnis in seiner Fortwirkung Gegenstand bürgerlichrechtlicher Beurteilung werden kann.* Gerade auch das Recht der Reichsabgabenordnung gibt keinen Anhalt für die Annahme, die Steuerforderung des Staates sei überall und grundsätzlich als von einer auf dasselbe Ziel gerichteten bürgerlichen Forderung wesensverschieden und als ungleich im Inhalt anzusehen ... Der gesetzliche Übergang folgt der Befriedigung des Staates als Gläubigers. Sein Forderungsverhältnis zum Schuldner ist durch den Akt der Zahlung ausgelöscht und damit ist zugleich die *hoheitsrechtliche Beziehung in diesem Belange beendet.* Wenn das Gesetz[53] ... dem zahlenden Bürgen ein Recht gleichen Inhalts, wie das befriedigte war, in die Hand gibt, so ist dagegen keine Beanstandung zu erheben (jedenfalls nicht aus dem Gesichtspunkt der Unverträglichkeit einer Abgabe von Staatsrechten in private Hand)."

Diese Ausführungen des Reichsgerichts enthalten keine schlüssige Begründung dafür, daß im Falle des Überganges einer öffentlichrechtlichen Forderung auf eine Privatperson das „vom öffentlichen Recht ausgehende Rechtsverhältnis in seiner Fortwirkung Gegenstand bürgerlich-rechtlicher Beurteilung werden kann":

Daß das „Steuerrecht ... an privatrechtlich geordnete Verhältnisse anknüpfen muß", dürfte als Hinweis darauf zu verstehen sein, daß die steuerrechtlichen Normen vielfach Tatbestandsmerkmale enthalten, die privatrechtliche Rechtsverhältnisse umschreiben (z. B. Eigentum, Pacht, Miete), und hieran die Steuerpflicht knüpfen. Wieso dies aber etwas dafür hergeben könnte, daß eine steuerrechtliche Forderung zu einer privatrechtlichen werden könnte, ist nicht ersichtlich; einen Zusammenhang dieser beiden Ebenen zeigt das Reichsgericht nicht auf. — Eine „privatrechtliche Fortwirkung öffentlich-rechtlicher Rechtsverhältnisse" wird (außerhalb der Diskussion zum Forderungsübergang) nicht erwogen[54]; wieso für den Fall des Überganges öffentlich-rechtlicher Forderungen auf Privatpersonen etwas anderes gelten soll, bleibt uneinsichtig.

Auch die These des Reichsgerichts, daß „durch den Akt der Zahlung ... zugleich die hoheitsrechtliche Beziehung in diesem Belange beendet" sei, trifft nicht zu. Durch den Forderungsübergang fällt zwar die hoheitliche Einziehungsgewalt fort[55]. Da diese aber kein Wesensmerkmal öffentlich-rechtlicher Forderungen darstellt[56], ist nicht ersichtlich, weshalb die öffentlich-rechtliche = hoheitsrechtliche Beziehung

---

54 Vgl. W. *Jellinek* § 3 IV 2 am Ende: „Was öffentlich-rechtlich ist, kann auch nicht auf Umwegen privatrechtlich gemacht werden." — Insoweit besteht in der Tat (entgegen *Walter Müller* S. 79/80) eine „unüberspringbare Kluft zwischen öffentlichem und privatem Recht".

55 Siehe S. 21 oben.

56 Siehe oben § 1 C 1 (S. 21). — Unzutreffend *Guthmann* S. 26.

auch im übrigen fortfallen und also „die hoheitsrechtliche Beziehung beendet" sein sollte.

Eine hinreichende Erklärung für diese These des Reichsgerichts ergibt sich auch nicht aus der früher herrschenden Subjektionstheorie[57]. Auch früher wurde weder das Bestehen eines Über/Unterordnungsverhältnisses noch die Möglichkeit der Einziehung mit Verwaltungszwangsmitteln als notwendig für die öffentlich-rechtliche Qualifizierung einer Rechtsbeziehung angesehen: So waren z. B. sowohl die Rechtsbeziehungen zwischen Hoheitsträgern (trotz ihrer Gleichordnung)[58] als auch Erstattungsansprüche des Bürgers gegen den Staat (obgleich der Bürger keine Einziehungsgewalt hat) als öffentlich-rechtlich anerkannt.

Eine dogmatische Rechtfertigung für die reichsgerichtliche Auffassung ist also nicht zu finden.

II. Kein praktisches Bedürfnis für bürgerlich-rechtliche Qualifizierung

Die Auffassung vom Rechtsnaturwandel läßt sich auch nicht — jedenfalls heute nicht mehr — mit einem praktischen Bedürfnis rechtfertigen:

1. *Früher*, als der *Verwaltungsrechtsweg noch nicht* für alle öffentlich-rechtlichen Streitigkeiten[59] eröffnet war[60], mag ein Bedürfnis bestanden haben, über alle dogmatischen Bedenken hinweg den Begriff der „bürgerlichen Rechtsstreitigkeiten" des § 13 GVG extensiv zu interpretieren und unter ihn weitestmöglich auch öffentlich-rechtliche Streitigkeiten zu subsumieren. In diesem Sinne hat das Reichsgericht[61] eine Streitigkeit immer

---

[57] Vgl. z. B. *RGZ* 93, 255 (258/259); 153, 1 (4 m. w. N.); 166, 218 (226); 167, 281 (284/285); *BGHZ* 3, 292 (294, 297, 298); 9, 145 (147 - 150); 14, 222 (226/227 m. w. N.); 35, 175 (177 m. w. N.); *BGH* DVBl. 1962, 102 (103 oben); *BGHZ* 38, 49 (51); sowie *BVerfGE* 7, 342 (355 unten). — Zur Schwäche der Subjektionstheorie siehe Fußn. 25.

[58] Siehe *RGZ* 154, 201 (206 unten).

[59] Nichtverfassungsrechtlicher Art.

[60] In der *Weimarer Zeit* gab es „vollkommene" verwaltungsgerichtliche Generalklauseln nur in Hamburg und Bremen (HambG v. 2. 11. 1921 § 9, BremG v. 6. 1. 1924 § 8; Angaben aus *W. Jellinek* § 13 II S. 314). In den anderen Ländern gab es allenfalls „beschränkte" Generalklauseln, nur bezogen auf „Anordnungen und Verfügungen der Verwaltungsbehörden" (so z. B. in Württemberg bereits seit 1876, weitere Nachweise bei *W. Jellinek* ebd.; vgl. auch Art. 107 der Weimarer Reichsverfassung).

Nach dem Zweiten Weltkrieg gab es „vollkommene" verwaltungsgerichtliche Generalklauseln in den Verwaltungsprozeßgesetzen der Länder der britischen und amerikanischen Zone (siehe die Angaben bei *Soergel / Siebert*, Band I, 8. Aufl. 1952, Einl. IV 3 und 6, S. 10 - 12 und *Schunck / de Clerck* § 1 Anm. 1 S. 83). In den Ländern der französischen Zone gab es demgegenüber nur „beschränkte" Generalklauseln, bezogen auf „Anordnungen und Verfügungen der Verwaltungsbehörden", nicht auch auf sonstige öffentlich-rechtliche Streitigkeiten (nichtverfassungsrechtlicher Art).

[61] *RGZ* 92, 310 (314); 93, 78 (79); 93, 201 (203); 106, 177 (179 m. w. N.); 111, 211 (213); 112, 221 (222); 113, 125 (131); 121, 273 (276/277); 125, 396 (400); 129,

schon dann als bürgerlich-rechtlich qualifiziert, wenn sie zur Zeit der Schaffung des GVG (vom 28. 1. 1877) als bürgerlich-rechtlich angesehen wurde (oder angesehen worden wäre), sog. *historische Auslegung des § 13 GVG*. Dadurch wurde der ordentliche Rechtsweg auch für alle diejenigen öffentlich-rechtlichen Bereiche eröffnet, deren öffentlich-rechtlicher Charakter bei Schaffung des GVG noch nicht erkannt worden war.

Diese „historische" Auslegung des § 13 GVG wurde schon früher vom Schrifttum als unzulässig abgelehnt, weil ein genereller Vorrang der historischen Auslegung vor den übrigen Auslegungsmethoden abzulehnen sei; gerade „Gesetze, die nicht einem Augenblicksbedürfnis dienen, seien mit Rücksicht auf die herrschenden Anschauungen der Gegenwart auszulegen"[62]. Jedenfalls aber, seitdem verwaltungsgerichtliche Generalklauseln den Rechtsweg für alle öffentlich-rechtlichen Streitigkeiten[59] eröffnen und dadurch das Bedürfnis zur extensiven Interpretation des § 13 GVG entfallen ist, unterliegt die historische Auslegung des § 13 GVG schwersten Bedenken[63]. Für sie ist spätestens keinerlei Raum mehr, seit § 40 Abs. 1 Satz 1 VwGO (in Kraft seit 1. 4. 1960) nur eine *ausdrückliche* bundesgesetzliche Zuweisung an andere Gerichte als die Verwaltungsgerichte genügen läßt[64].

Noch heute öffentlich-rechtliche Forderungen nach ihrem Übergang auf Privatpersonen als bürgerlich-rechtlich im Sinne des § 13 GVG zu qualifizieren, ist mithin infolge der verwaltungsgerichtlichen Generalklausel des § 40 VwGO nicht möglich.

2. Trotz der verwaltungsgerichtlichen Generalklausel wird allerdings auch heute noch die Auffassung vertreten, es bestehe ein praktisches Bedürfnis, öffentlich-rechtliche Forderungen nach ihrem Übergang auf Privatpersonen als bürgerlich-rechtlich im Sinne des § 13 GVG zu qualifizieren: „Die inhaltliche Änderung des Anspruchs durch seinen Übergang auf eine Privatperson ist (sei) nicht zuletzt vom Ergebnis her notwendig, *weil die Privatperson den auf sie übergegangenen Anspruch nicht durch Verwaltungsakt verwirklichen kann*[65]."

---

287 (288); 130, 313 (317); 143, 106 (109); 166, 218 (227, 228); ebenso noch *BGHZ* 3, 162 (165/166); 9, 339 (343 ff.); 19, 130 (132).

62 *Fritz Werner* VwArch 43 (1938), 47 (48). Ebenso *RGZ* 145, 359 (366). — Zum Gewicht der historischen Auslegung im allgemeinen vgl. *BGHZ* 46, 74 (79 f. m. w. N.).

63 Demgemäß wurde sie schon vor 1960 überwiegend abgelehnt: vgl. die Nachweise bei *Schunck / de Clerck* § 40 Anm. 2 c cc (S. 185). — Ebenso schon *Fritz Werner* VwArch 43 (1938), 47 (49 oben): „Würde eine uneingeschränkte verwaltungsgerichtliche Generalklausel bestehen, so könnte die ehemals privatrechtliche Auffassung die Abwanderung aus dem Bereich der ordentlichen Gerichtsbarkeit nicht hindern."

Demgegenüber hat der *BGH* (siehe Fußn. 61) zunächst noch an der historischen Auslegung des § 13 GVG festgehalten: ausführlich *BGHZ* 9, 339 (347 ff.). — Ebenso *Bettermann* MDR 1949, 394 (398 unter b).

64 Allg. Meinung, vgl. z. B. *Schunck / de Clerck* § 40 Anm. 2 c cc (S. 185); *Ule*, Verwaltungsgerichtsbarkeit, § 40 IV 1 (S. 94 m. w. N.). — Die historische Auslegung zu beseitigen, war die Absicht des Gesetzgebers: vgl. BT-Drucks. III/55 S. 30/31.

65 Zitat aus *Tipke / Kruse* § 192 AO Rdnr. 3. Ebenso *Stolterfoht* JZ 1975, 658 (659 unter I 1 a).

Zwar trifft es zu, daß die Privatperson ihren Anspruch nicht durch Verwaltungsakt verwirklichen kann[55]. Aber damit fehlt nicht jegliche Vollstreckungsmöglichkeit; denn die verwaltungs-, finanz- und sozialgerichtlichen Titel, die eine Privatperson gegen eine andere erstritten hat, sind nach Maßgabe der Zivilprozeßordnung vollstreckbar:

a) Dies ist für verwaltungs- und sozialgerichtliche Urteile ohne weiteres einsichtig: gemäß § 167 Abs. 1 VwGO = § 198 Abs. 1 SGG „gilt für die Vollstreckung das Achte Buch der Zivilprozeßordnung entsprechend, soweit sich aus diesem Gesetz (= VwGO bzw. SGG) nichts anderes ergibt". Die VwGO (§§ 167 - 172) und das SGG (§§ 198 - 201) enthalten keine eigenen Vorschriften über die Vollstreckung von Titeln zwischen Privatpersonen. Sie enthalten auch keine Vorschrift, aus der etwa entnommen werden könnte, aus einem zwischen Privatpersonen ergangenen Titel könne nicht vollstreckt werden: aus den besonderen Vorschriften über die Vollstreckung zugunsten und gegen Hoheitsträger (§§ 169 - 172 VwGO, 200, 201 SGG) läßt sich nicht entnehmen, daß nur eine Vollstreckung zugunsten oder gegen Hoheitsträger zulässig sei.

Mangels eigener Regelung der VwGO und des SGG erfolgt also die Vollstreckung aus verwaltungs- und sozialgerichtlichen Titeln, die eine Privatperson gegen eine andere erstritten hat, gemäß §§ 167 VwGO, 198 SGG i. V. m. dem Achten Buch der Zivilprozeßordnung[66]. Eine Vollstreckungsmöglichkeit ist also auch dann vorhanden, wenn man die öffentlich-rechtliche, auf die Privatperson übergegangene Forderung weiterhin als öffentlich-rechtlich qualifiziert.

Aus dem Gesichtspunkt der Vollstreckung ergibt sich also kein Bedürfnis zur Eröffnung des ordentlichen Rechtsweges.

b) Allenfalls für finanzgerichtliche Titel läßt sich das Argument diskutieren, die Prozeßordnung sehe keine Vollstreckungsmöglichkeit zwischen Privatpersonen vor. Denn anders als in der VwGO (§ 167 Abs. 1) und im SGG (§ 198 Abs. 1) ist im Abschnitt „Vollstreckung" der FGO (§§ 150 - 154) die Bestimmung, die die ZPO für ergänzend anwendbar erklärt, nicht „vor die Klammer gezogen", sondern in die Vorschrift über die Vollstreckung gegen Hoheitsträger integriert (§ 151 Abs. 1 FGO). Der Gesetzgeber scheint[67] also bei Schaffung der FGO davon ausgegangen zu sein, daß ein Bedürfnis zur ergänzenden Anwendung der ZPO nur im Rahmen der Vollstreckung gegen Hoheitsträger bestehen könne.

Dies kann aber nicht dazu führen, eine (ergänzende) Anwendung der ZPO im Rahmen der Vollstreckung zugunsten von Hoheitsträgern und für die Vollstreckung zwischen Privaten abzulehnen, wenn insoweit ein Bedürfnis zur Anwendung der ZPO besteht. Denn § 155 FGO (= § 173 VwGO = § 202 SGG), der die ZPO für ergänzend anwendbar erklärt, „soweit die grundsätzlichen Unterschiede der beiden Verfahrensarten es nicht ausschließen", steht erst hinter dem Abschnitt „Vollstreckung" und muß deshalb auf alle vorstehenden Paragraphen bezogen werden. Damit fehlt ein hinreichender gesetzlicher Anhaltspunkt dafür, daß die ZPO nur im Rahmen der Vollstreckung gegen Hoheitsträger (§ 151 FGO) angewendet werden dürfe.

---

[66] Zu den Einzelheiten siehe S. 50/51.

[67] Ausführungen sind in den Gesetzesmaterialien nicht zu finden.

Grundsätzliche Bedenken, § 155 FGO auch im Rahmen der Vollstreckung heranzuziehen, scheint auch der Bundesfinanzhof[68] nicht zu haben. Also gilt für die Vollstreckung finanzgerichtlicher Titel zwischen Privatpersonen § 155 FGO; somit ist die ZPO sinngemäß[66] anzuwenden, da insoweit grundsätzliche Unterschiede der beiden Verfahrensarten nicht ersichtlich sind.

Ein verwaltungs-, sozial- oder finanzgerichtlicher Titel, den eine Privatperson gegen eine andere Privatperson erstritten hat, ist mithin vollstreckbar gemäß § 167 VwGO = § 198 SGG bzw. § 155 FGO, jeweils i. V. m. dem Achten Buch der Zivilprozeßordnung[66]. Eine Vollstreckung ist also möglich. Aus dem Gesichtspunkt der Vollstreckung ergibt sich somit kein Bedürfnis zur Eröffnung des ordentlichen Rechtsweges.

3. *Ergebnis:* Die Auffassung, die öffentlich-rechtliche Forderung werde durch ihren Übergang auf die Privatperson zu einer privatrechtlichen, läßt sich also heute weder dogmatisch noch aufgrund eines praktischen Bedürfnisses rechtfertigen.

Dieses Ergebnis erkennt grundsätzlich auch Pohle[69] an: Er distanziert sich nämlich von der herkömmlichen Auffassung, insofern als er zugesteht, daß „ein öffentlich-rechtlicher Anspruch nicht dadurch zu einem bürgerlichrechtlichen wird, daß Gläubiger eine Privatperson wird". — Er meint allerdings, „diese hat (habe) nicht die Möglichkeit, den Anspruch im Verwaltungsverfahren beizutreiben, und muß (müsse) deshalb im Zivilprozeß klagen können". Diese Folgerung entbehrt nicht nur einer hinreichenden Grundlage (und ist deshalb falsch), weil die Privatperson gemäß §§ 167 VwGO, 198 SGG, 155 FGO nach Maßgabe der ZPO die Möglichkeit der Vollstreckung hat, sondern ist als „Kompromiß" (öffentlich-rechtlicher Charakter, aber ordentlicher Rechtsweg) auch gesetzwidrig, weil mit §§ 13 GVG, 40 VwGO, 33 FGO, 51 SGG unvereinbar. — Nach seinen Erkenntnissen wäre es konsequent gewesen, wenn Pohle sich zum Verwaltungs-(Finanz-, Sozial-) rechtsweg bekannt hätte.

III. Kollision mit § 399 BGB

Die Auffassung vom Rechtsnaturwandel ermangelt nicht nur einer ausreichenden Rechtfertigung, sie gerät außerdem in Kollision mit § 399 BGB: Die Annahme des Rechtsnaturwandels legt die Folgerung nahe, daß sich mit dem Wandel der Rechtsnatur der Forderung auch der Rechtscharakter der beanspruchten Leistung wandele und somit

---

[68] *BFHE* 101, 478 (482) = BStBl. II 1971, 426 (427 unter 4) und E 102, 446 (449) = BStBl. II 1971, 702 (703) nehmen im Rahmen der Vollstreckung auf § 155 FGO Bezug.

In letzterer Entscheidung wurde allerdings in concreto die Anwendbarkeit der fraglichen ZPO-Vorschrift verneint; und in ersterer Entscheidung war die Heranziehung des § 155 FGO ‚an sich' gar nicht nötig, da es sich um einen Fall der Vollstreckung gegen Hoheitsträger handelte und deshalb schon § 151 FGO das „Tor zur ZPO" öffnete.

[69] In *Stein / Jonas* Anm. II A 2 d vor § 1 (S. 74). — Auch *Liebisch* (S. 111), *Fritz Werner* VwArch 44 (1939), 273 (293) und *Wiedemann* (Urteilsanmerkung zu BAG AP Nr. 20 zu § 670 BGB unter 2 c) gestehen den öffentlichrechtlichen Charakter zu, ohne die Rechtswegkonsequenz zu ziehen.

eine Inhaltsveränderung im Sinne des § 399 BGB[70] vorliege, so daß der Übergang ausgeschlossen (unzulässig, unmöglich) wäre.

Dieser Folgerung entgeht das Reichsgericht (RGZ 135, 25, 29 f.), indem es ausführt, es gebe „keinen Anhalt für die Annahme, die Steuerforderung des Staates sei *überall und grundsätzlich* als von einer auf dasselbe Ziel gerichteten bürgerlichen Forderung wesensverschieden und als ungleich im Inhalt anzusehen. ... Danach ist die Berufung auf die Andersartigkeit der steuerlichen und der bürgerlich-rechtlichen Forderung und damit auf die Anwendung von § 399 BGB nicht anzuerkennen." Nur durch solche Eingrenzung des § 399 BGB auf totale Veränderungen („überall und grundsätzlich") wird dessen Anwendung vermieden.

Eine andere — vielleicht überzeugendere — Möglichkeit zur „Umgehung" des § 399 BGB ergibt sich, wenn man die Rechtsnatur der Forderung nicht auf die geforderte Leistung erstreckt, sondern diese als ohne spezifischen Rechtscharakter = als „gleichsam jenseits vom Unterschied zwischen privatrechtlich und öffentlich-rechtlich stehend"[71] ansieht: dann wird der Rechtscharakter der Leistung nicht vom Rechtsnaturwandel der Forderung berührt, eine Veränderung des Inhalts der Leistung im Sinne des § 399 BGB findet nicht statt.

Selbst wenn man die Kollision mit § 399 BGB vermeiden könnte, so wäre damit nur ein *zusätzliches* Bedenken gegen die Annahme des Rechtsnaturwandels ausgeräumt; es bliebe dabei, daß der Rechtsnaturwandel heute weder dogmatisch noch aufgrund eines praktischen Bedürfnisses zu rechtfertigen ist.

IV. Zur Auffassung des Bundesgerichtshofs

Der Bundesgerichtshof hat in NJW 1956, 1197 und in BGHZ 39, 319 (323) nur auf die reichsgerichtliche Auffassung verwiesen. Das verwundert, da der Bundesgerichtshof in BGHZ 9, 65 das Zessionsprinzip grundsätzlich anerkannt hatte (siehe Zitat S. 24 oben) und weil seit der Schaffung verwaltungsgerichtlicher Generalklauseln nicht einmal mehr ein praktisches Bedürfnis zur Eröffnung des ordentlichen Rechtsweges anzuerkennen ist.

Neue Argumente für den Rechtsnaturwandel bringt der Bundesgerichtshof erst in NJW 1973, 1077[71a] in einer Fallkonstellation, in der

---

[70] i. V. m. § 412 BGB.

[71] *Fritz Werner* VwArch 44 (1939), 273 (282); vgl. auch ebd. S. 286 oben. Ähnlich *Walter Müller* S. 75 (unter Bezugnahme auf *Eberhard Schwabe*, Die öffentliche Hypothek und die Obligationen des Industriebelastungsgesetzes, Göttingen, S. 58 ff.): „... Vorstellung eines Rechtskerns, einer ‚neutralen Grundform des Rechts' wie Schwabe sagt, die ihrem Wesen nach unabhängig von der Zugehörigkeit zum öffentlichen oder bürgerlichen Recht zu denken ist."

Vgl. auch *Georg Jellinek*, System der subjektiven öffentlichen Rechte, 2. Aufl. 1905, S. 66: „Die Erfüllungsmittel sind ... weder spezifisch privat- noch öffentlichrechtlicher Natur, sondern allgemeine juristische Kategorien."

[71a] = WPM 1973, 559.

mit der übergegangenen Forderung ein privatrechtlicher Anspruch konkurriert. Seinen Argumenten kann aber nicht gefolgt werden, wie im folgenden (insbes. S. 39 ff.) dargelegt wird:

C. Auch dann öffentlich-rechtlicher Charakter, wenn privatrechtlicher Regreßanspruch konkurriert?

Neben[72] der übergegangenen Forderung besteht häufig zwischen den Privatpersonen außerdem ein privatrechtlicher Anspruch kraft einer privatrechtlichen Rechtsbeziehung.

So besteht in dem praktisch häufigen Fall der *Bankbürgschaft für eine Steuerschuld* zwischen der bürgenden Bank und dem Steuerschuldner ein *privatrechtlicher Bankvertrag,* der (wenn nicht ausdrücklich, so zumindest konkludent) dem Bürgen einen Ersatzanspruch gibt für alle „Aufwendungen, die er den Umständen nach für erforderlich halten durfte", § 670 BGB[73]. Besteht kein Vertrag (in der Regel[74] Auftrag[75] oder Geschäftsbesorgung[76]) zwischen Bürge und Hauptschuldner, so wird in der Bürgschaftsübernahme regelmäßig jedenfalls eine *Geschäftsführung ohne Auftrag* mit den Rechtsfolgen der §§ 677 ff., 683 Satz 1[77], 670 BGB liegen.

Bürgschaften für Steuerforderungen begegnen vor allem im *Zollrecht:* Gemäß § 38 Abs. 1 des Zollgesetzes[78] „gibt die Zollstelle das Zollgut frei, sobald der Zoll gezahlt, *aufgeschoben* oder *gestundet* ist. Sie kann das Zollgut schon vorher (auch schon vor Bekanntgabe des Zollbescheids, vgl. § 36 Abs. 3 Satz 4 ZollG) freigeben, wenn ihr der *Zollbeteiligte sicher erscheint.*" Die für den Zahlungsaufschub und die Stundung zu leistende Sicherheit (§§ 222, 223 i. V. m. 241 AO) kann der Zollschuldner durch eine

---

[72] Der Ersatzanspruch aus dem Grundverhältnis (meist nach § 670 BGB) tritt neben den gesetzlichen Rückgriffsanspruch aus § 774 Abs. 1 Satz 1 BGB: unstreitig, vgl. z. B. *RGZ* 59, 207 (209 oben); 146, 67 (69); *BGH* WPM 1970, 751; *RGRK / Mormann* § 774 Rdnr. 5; *Erman / Seiler* Rdnr. 10 am Ende vor § 765.

Der Bürge hat die Wahl zwischen beiden Ansprüchen: RGZ ebd.; *RGRK / Mormann* ebd.; *Palandt / Thomas* § 774 Anm. 2 e. — Siehe auch Fußn. 5.

[73] Vgl. *RGZ* 59, 207 (209); vgl. auch *RGZ* 146, 67 (71); *Palandt / Thomas* § 774 Anm. 2 e.

[74] Unter Umständen auch Gesellschaftsvertrag, § 110 HGB (vgl. *BFHE* 113, 30, 33/34 = BStBl. II 1974, 677, 678 unter b).

[75] §§ 662 ff. BGB.

[76] § 675 BGB.

[77] „Der Bürge verbürgt sich in der Regel im Interesse des Schuldners, um dessen Kreditfähigkeit zu erhöhen" (*K. Larenz,* Lehrbuch des Schuldrechts, II. Band: Besonderer Teil, 11. Aufl. 1977, § 64 III am Anfang, S. 423). — Vgl. auch *Erman / Seiler* Rdnr. 10 vor § 765; *Palandt / Thomas* Einf. 1 h vor § 765 m. w. N. und § 774 Anm. 1. — Vgl. Fußn. 84.

[78] In der Fassung vom 18. Mai 1970 (BGBl. I S. 529) mit späteren Änderungen.

Bürgschaft erbringen (§§ 241 Abs. 1 Nr. 7, 244 AO); als „sicherer Zollbeteiligter“ im Sinne des § 38 Abs. 1 Satz 2 ZollG wird angesehen, wer Sicherheit im Sinne des § 241 AO für die vorzeitige Freigabe des Zollguts geleistet (z. B. eine Bürgschaft erbracht) hat[79].

Der privatrechtliche Charakter des Anspruchs aus Vertrag oder Geschäftsführung ohne Auftrag (im folgenden als „Kausalregreß“ oder „Innenregreß“ bezeichnet) läßt den öffentlich-rechtlichen Charakter der übergegangenen Forderung (im folgenden als „Zessionsregreß“ bezeichnet) aber unberührt. Der abweichenden Ansicht des Bundesgerichtshofs in NJW 1973, 1077[71a] kann aus folgenden Gründen nicht gefolgt werden:

I. Widerlegung der Argumente von BGH NJW 1973, 1077[71a]

Der Bundesgerichtshof qualifiziert die öffentlich-rechtliche Forderung nach Übergang auf eine Privatperson deshalb als privatrechtlich, weil „die als Steuerforderung entstandene Forderung in der Hand des Bürgen der Durchsetzung seines privatrechtlichen Rückgriffs gegen den Hauptschuldner und keinen öffentlichen Belangen mehr dient“.

Ob eine Forderung öffentlichen oder privaten Belangen dient, ist indessen unerheblich, wie seit der Überwindung der Interessentheorie anerkannt ist[80].

Gewichtiger ist das Argument des Bundesgerichtshofs, „die als Steuerforderung entstandene Forderung diene in der Hand des Bürgen der Durchsetzung seines privatrechtlichen Rückgriffs“ = des Kausalregresses gegen den Hauptschuldner. Aber auch dieses Argument trägt nicht:

Zwar sind die Einwendungen des Hauptschuldners aus seinem Kausalverhältnis zum Bürgen nicht nur gegen den Kausalregreß, sondern auch gegen den Zessionsregreß zulässig, weil § 774 Abs. 1 Satz 3 BGB bestimmt: „Einwendungen des Hauptschuldners aus einem zwischen ihm und dem Bürgen bestehenden Rechtsverhältnisse bleiben unberührt.“ Dem Zessionsregreß kann der Hauptschuldner also nicht nur alle Einwendungen aus seinem Verhältnis zum Altgläubiger (§ 404 i. V. m. § 412 BGB), sondern außerdem alle Einwendungen aus dem Kausalverhältnis zum Bürgen entgegensetzen. Aber hieraus kann eine „beherrschende“ Funktion des Kausalverhältnisses = eine „dienende“ Funktion des Zessionsregresses nicht hergeleitet werden. Denn die Einwendungen aus dem Kausalverhältnis treten nur neben die gegen die übergegangene

---

[79] Vgl. Vorschriftensammlung Bundesfinanzverwaltung, Allgemeines Zollrecht, Fachteil, Z 07 01 (51) — Stand: 31. März 1977.

[80] Vgl. die Argumente gegen die (in z. B. *BVerwGE* 1, 308, 310; 13, 47, 50 anklingende) Interessentheorie: Fußn. 26 und *Wolff / Bachof* I § 22 II a 6 (S. 98); *Rimmelspacher* JZ 1975, 165 (Fußn. 7) sowie *BVerfGE* 7, 342 (355 unter 3).

Forderung begründeten Einwendungen (§§ 404, 412 BGB); beide Kategorien von Einwendungen stehen unabhängig nebeneinander; eine Akzessorietät besteht nicht; weder die einen noch die anderen Einwendungen können als die generell „mächtigeren" bezeichnet werden.

Der privatrechtliche Charakter der Einwendungen aus dem Kausalverhältnis kann im übrigen[81] auch deshalb nichts für die Rechtsnatur der übergegangenen Forderung hergeben, weil Einwendungen nur die Vorfragenebene betreffen, während die Rechtsnatur- und Rechtswegfrage hinsichtlich der übergegangenen Forderung die Hauptfragenebene betrifft; Vorfragen können aber anerkanntermaßen anderer Rechtsnatur als die Hauptfrage sein[82].

Der Zessionsregreß kann aber vor allem deshalb nicht als dem Kausalregreß „dienend" bezeichnet werden, weil er auch dann bestehen kann, wenn ein Kausalverhältnis überhaupt fehlt (dieses fehlt, wenn der Bürge sich weder aufgrund eines Vertrages mit dem Hauptschuldner noch im Sinne der §§ 677, 683 BGB mit dessen Willen und in dessen Interesse[83] verbürgt[84] hat[85], sowie regelmäßig in den Fällen der §§ 268, 1150, 1249 BGB[86]).

Die These des Bundesgerichtshofes von der „dienenden" und dadurch privatrechtlichen Natur des Zessionsregresses läßt sich auch nicht durch eine differenzierende Betrachtungsweise rechtfertigen, indem man den Zessionsregreß dann als „dienend" und folglich privatrechtlich ansieht, wenn ein Kausalverhältnis besteht, den „isolierten Zessionsregreß" hingegen als öffentlich-rechtlich qualifiziert. Das würde bedeuten, die Rechtsnatur des

---

81 Entgegen *D. Reinicke* DB 1967, 847 (848 Fußn. 15).

82 Siehe z. B. *RGZ* 164, 226 (233); 131, 264 (273 m. w. N.); siehe z. B. auch *Bettermann* MDR 1947, 44 (unter I 1 m. w. N.); *Stein / Jonas / Pohle* Anm. II A 2 d vor § 1 (S. 74).

83 Sondern ohne oder gegen den Willen des Hauptschuldners und nur im eigenen Interesse „für sich" (z. B. gegen ein Entgelt des Gläubigers).

84 Nur die *Bürgschaftsübernahme* kann die Rechtsbeziehung im Sinne der §§ 677, 683 BGB begründen (vgl. Fußn. 77).

Die *Zahlung* des Bürgen kann eine solche Rechtsbeziehung nicht begründen: sie mag zwar als Geschäft des Hauptschuldners (zumindest als sog. „auch-fremdes" Geschäft) zu qualifizieren sein, sie entspricht aber regelmäßig nicht dem Interesse des Hauptschuldners, weil dieser infolge des gesetzlichen Forderungsüberganges nicht entlastet wird:

Erman / Hauß Rdnr. 8 vor § 677; *RGRK / Steffen* Rdnr. 23 + 94 vor § 677; *Hans Berg* JuS 1975, 681 (685 oben); *Crisolli* JW 1937, 1218 (1219 bei Fußn. 14). Anderer Ansicht offenbar die Rechtsprechung zu § 426 Abs. 2 BGB: vgl. Fußn. 135 unter b).

85 Ein Regreßanspruch aus ungerechtfertigter Bereicherung kommt nicht in Betracht (auch nicht kraft § 684 Satz 1 BGB), wenn ein Forderungsübergang stattfindet; denn der Hauptschuldner ist nicht entlastet und also nicht bereichert, weil seine Verpflichtung kraft des gesetzlichen Forderungsüberganges fortdauert. Vgl. *RGZ* 143, 91 (96); ebenso *Medicus* § 35 IV 3 Rdnr. 950.

Abzulehnen ist die Fiktion eines Bereicherungsanspruchs, siehe Fußn. 103.

86 Die Zahlung des Dritten begründet keine Rechtsbeziehung im Sinne der §§ 677, 683 BGB: vgl. Fußn. 84.

Zessionsregresses abhängig zu machen vom Bestehen oder Nichtbestehen eines Kausalverhältnisses; das aber kann schwerlich richtig sein.

Die Auffassung des Bundesgerichtshofes, daß „die als Steuerforderung entstandene Forderung in der Hand des Bürgen der Durchsetzung seines privatrechtlichen Rückgriffs diene" und deshalb nach ihrem Übergang auf die Privatperson als privatrechtlich zu qualifizieren sei, überzeugt also nicht.

Ergebnis: Die Argumente des Bundesgerichtshofs in NJW 1973, 1077[87] vermögen nicht die Auffassung zu rechtfertigen, daß eine öffentlich-rechtliche Forderung durch ihren Übergang auf eine Privatperson zu einer privatrechtlichen werde. Vielmehr bleibt die öffentlich-rechtliche Natur der Forderung auch nach ihrem Übergang auf die Privatperson erhalten, und zwar auch dann, wenn die übergehende Forderung in Konkurrenz zu einem privatrechtlichen Rückgriffsanspruch tritt. Zur Konsequenz der daraus resultierenden Rechtswegspaltung siehe D II[88].

II. Speziell: Die Konkurrenz zwischen § 426 Abs. 2 Satz 1 und Abs. 1 Satz 1 BGB

Als Grundlage für den Ausgleich unter Gesamtschuldnern kommen nicht nur der Zessionsregreß (§ 426 Abs. 2 BGB) und eine (in der Regel vertragliche, aber auch eine familien- oder erbrechtliche) Sonderbeziehung in Betracht, sondern außerdem § 426 Abs. 1 BGB:

Wird z. B. der Gesellschafter einer offenen Handelsgesellschaft auf Zahlung der *Steuerschuld der* (nicht zahlungsfähigen) *Gesellschaft* in Anspruch genommen (die oHG ist steuerrechtsfähig[89] hinsichtlich einiger Steuerarten, z. B. der Gewerbesteuer[90], Grundsteuer[91] und Umsatzsteuer[92], und die Gesellschafter haften für die Verbindlichkeiten der Gesellschaft gemäß § 128 HGB[93] persönlich), so kann er gegen seine

---

[87] = WPM 1973, 559. — Die weitere dort aufgeworfene Frage, ob für das streitig gebliebene Konkursvorrecht (§ 61 Abs. 1 Nr. 2 KO) der gleiche Rechtsweg gegeben ist wie für die Geltendmachung der Forderung selbst, erörtere ich in § 9 (S. 100 ff.).

[88] S. 51 ff.

[89] Zur Steuerrechtsfähigkeit von Personalgesellschaften vgl. *BFHE* 105, 449 (452/453 unter 3) = BStBl. II 1972, 672 (674 unter I 3) sowie die Zusammenstellung in *Tipke / Kruse* § 33 AO Rdnr. 18 - 20.

[90] §§ 2 Abs. 2 Nr. 1, 5 Abs. 1 Satz 3 GewStG.

[91] § 10 Abs. 1 GrStG i. V. m. § 39 AO (soweit nicht § 39 Abs. 2 AO eingreift, vgl. *Tipke / Kruse* § 39 AO Rdnr. 35 S. 20 unten).

[92] §§ 13 Abs. 2, 1 Abs. 1 Nr. 1 + 2, 2 Abs. 1 UStG; vgl. *BFHE* 81, 363 = BStBl. III 1965, 130; E 127, 267 (270 f.) = BStBl. II 1979, 362 (364).

[93] § 113 RAO wurde — weil selbstverständlich — nicht in die Neufassung der Abgabenordnung 1977 übernommen, vgl. BT-Drucks. VI/1982 S. 159 zu § 172.

Mitgesellschafter[94] nicht nur aus § 426 *Abs. 2* Satz 1 BGB[95] Regreß nehmen; er kann ihn außerdem auf die (vertragliche oder sonstige) Sonderbeziehung oder auf § 426 Abs. 1 BGB stützen:

a) Er kann aus dem *Gesellschaftsverhältnis* vorgehen, aus dem sich — zumindest konkludent — ergibt, daß ein Gesellschafter von den übrigen (anteiligen) Ersatz seiner Aufwendungen für die Gesellschaft verlangen kann.

b) Er kann seinen Regreß aber auch auf *§ 426 Abs. 1 BGB* stützen. Dieser Ausgleichsanspruch besteht (sofern sich nicht aus der Sonderbeziehung ein Regreßverbot ergibt) neben demjenigen aus der Sonderbeziehung — jedenfalls nach herrschender Meinung[96]: „Auch wenn sich die Ausgleichspflicht durch Rechtsgeschäft ... anders als nach Kopfteilen regelt, wird damit nur der Inhalt der gesetzlichen Ausgleichspflicht (Abs. 1) anders bestimmt. Der Anspruch bleibt ... seinem Wesen nach der gesetzliche Ausgleichsanspruch aus § 426 Abs. 1, der verschieden ist von dem aus dem Innenverhältnis[97]."

Der gesetzliche Ausgleichsanspruch aus § 426 Abs. 1 Satz 1 BGB ist, ebenso wie der vertragliche, *privatrechtlichen* Charakters. Denn — vgl. Seite 24 — Anspruch und zugrundeliegender Rechtssatz *berechtigen und verpflichten keinen Hoheitsträger, sondern (nur) die Privatpersonen-Gesamtschuldner* (und es handelt sich nicht um einen übergeleiteten Anspruch wie im Falle des § 426 Abs. 2 Satz 1 BGB). Der zwischen Privatpersonen bestehende Ausgleichsanspruch aus § 426 Abs. 1 Satz 1 BGB ist also als privatrechtlich zu qualifizieren — auch dann, wenn er zwischen „öffentlich-rechtlichen Gesamtschuldnern" besteht = wenn Privatpersonen Gesamtschuldner einer öffentlich-rechtlichen Forderung sind[98].

---

94 Der Regreß gegen den Mitgesellschafter ist durch § 110 HGB nicht ausgeschlossen, sondern nur subsidiär gegenüber dem Regreß gegen die Gesellschaft: *BGHZ* 37, 299 (302 f.).

95 Zur Anwendung des § 426 BGB auf den Ausgleich der Gesellschafter untereinander: vgl. *Baumbach / Duden*, Handelsgesetzbuch, Kommentar, 23. Aufl. 1978, § 128 Anm. 4 B; *Prediger* BB 1970, 868 f. m. w. N.

96 Vgl. *RGZ* 77, 319 (322 unten); 92, 143 (147); *Palandt / Heinrichs* § 426 Anm. 2 am Anfang, Anm. 3 d; *Fikentscher* § 62 II 2 b/c (S. 338). — Diese herrschende Meinung auf ihre Richtigkeit zu überprüfen, würde den Rahmen dieser Arbeit sprengen.

97 Zitat aus *Palandt* ebd. Anm. 3 d.

98 *BGH* NJW 1965, 1595 (1596) betr. Gesamtschuldnerausgleich bei wassergesetzlicher Unterhaltungspflicht;

RGZ 75, 208 (209); *OLG Rostock* SeuffArch 77, 186 Nr. 119; *KG* OLGRspr. 9, 31; *RFHE* 6, 171 (176) betr. Ausgleich zwischen Grundstücksverkäufer und -käufer hinsichtlich der gesamtschuldnerisch geschuldeten öffentlichrechtlichen Abgaben;

Daß dieser Ausgleichsanspruch aus § 426 Abs. 1 BGB als privatrechtlich zu qualifizieren ist, während die übergehende Forderung (§ 426 Abs. 2 BGB) öffentlich-rechtlich bleibt, mag überraschen, weil Innenregreß und Zessionsregreß hier noch enger zusammenhängen als beim Bürgenregreß: Nach § 426 Abs. 2 BGB hängt schon der Forderungsübergang außer von der Drittbefriedigung auch von Bestand und Umfang des Innenregresses ab („Soweit ein Gesamtschuldner ... von den übrigen Schuldnern Ausgleichung verlangen kann"), während nach § 774 Abs. 1 BGB der Forderungsübergang nur von der Drittbefriedigung abhängt (Satz 1) und erst der Umfang des Regresses durch Zulassung der Einwendungen aus dem Kausalverhältnis (Satz 3)[99] begrenzt[100] wird[101]. Dieser Unterschied ist nicht nur rein dogmatischer Natur, sondern hat Beweislastkonsequenzen: Sollte das Bestehen oder Nichtbestehen des Innenregreßanspruches einmal nicht erweislich sein, so würde der regreßbegehrende Gesamtschuldner unterliegen, der Bürge könnte demgegenüber aus dem „isolierten Zessionsregreß"[102, 103] siegen. Der Zessionsregreß des Gesamtschuldners ist also „zwingend abhängig" vom Innenregreß, der Zessionsregreß des Bürgen hingegen nicht. Die „zwingende Abhängigkeit" des Zessionsregresses vom Innenregreß hindert aber nicht ihre unterschiedliche rechtliche Qualifizierung; denn die Abhängigkeit betrifft nur das Verhältnis von Haupt- und Vorfrage[104], deren Rechtsnatur anerkanntermaßen unterschiedlich sein kann[105]; — ebenso wird umgekehrt die privatrechtliche Qualifizierung des Aus-

---

RFHE 41, 135 (137) betr. Ausgleich zwischen mehreren an einer Schmuggelei Beteiligten.

Weitere Nachweise in Fußn. 120 und bei *Stolterfoht* JZ 1975, 658 (659 Fußn. 12).

Anderer Ansicht *Liebisch* S. 69: öffentlich-rechtlicher Charakter (aber ordentlicher Rechtsweg, S. 70 oben). Ebenso für öffentlich-rechtlichen Charakter (und für Verwaltungs- bzw. Finanzrechtsweg) *Schnorr von Carolsfeld* Anm. zu BAG AP Nr. 5 zu § 670 BGB (unter II) und zu BAG AP Nr. 8 ebd.

99 Hierzu siehe S. 39 unten.

100 u. U. auf Null reduziert.

101 Ungenau deshalb *Motive zum BGB* (§ 774), S. 674, abgedruckt in *Mugdan*, Band II, S. 377: „Die Wirksamkeit des Überganges ... findet ihre Schranke in den besonderen Rechtsbeziehungen, welche zwischen dem Bürgen und dem Hauptschuldner bestehen können." — Ebenso ungenau *Stolterfoht* JZ 1975, 658 (659 bei Fußn. 15).

102 Hierzu siehe S. 40 Mitte.

103 Abzulehnen *D. Reinicke* (DB 1967, 847, 852 oben), der die Möglichkeit eines isolierten Zessionsregresses nicht sieht und daher im Verhältnis Bürge-Hauptschuldner bei Fehlen eines Vertrages und einer Geschäftsführung ohne Auftrag (entgegen Fußn. 85) das Bestehen eines Bereicherungsanspruchs fingieren will. Auch für § 426 BGB ist diese seine Fiktion (VersR 1967, 1, 2) unnötig, wenn man aus § 426 Abs. 1 Satz 1 BGB einen selbständigen Ausgleichsanspruch entnimmt (siehe S. 42 bei Fußn. 96).

104 Vgl. *BGHZ* 9, 65 (73).

105 Siehe Fußn. 82.

gleichanspruchs aus § 426 Abs. 1 Satz 1 BGB anerkanntermaßen[106] nicht dadurch gehindert, daß die Vorfrage, ob und inwieweit die Regreßparteien überhaupt gemeinsam öffentlich-rechtlich verpflichtet und damit Gesamtschuldner sind, eine öffentlich-rechtliche ist.

Obgleich die Verknüpfung zwischen dem Zessionsregreß und dem Regreß aus dem Innenverhältnis also bei Gesamtschuldnern noch enger ist als beim Bürgenregreß, gilt auch zwischen „öffentlich-rechtlichen Gesamtschuldnern“ die „Rechtsnaturspaltung“: Der Innenregreß (sowohl derjenige aus einer — in der Regel vertraglichen — Sonderbeziehung als auch derjenige aus § 426 Abs. 1 BGB) ist privatrechtlich, der Zessionsregreß (§ 426 Abs. 2 BGB) hingegen öffentlich-rechtlich.

Der Ausgleichsanspruch „öffentlich-rechtlicher Gesamtschuldner“ aus § 426 Abs. 1 Satz 1 BGB erhält auch dann nicht öffentlich-rechtlichen Charakter, wenn sich diese Ausgleichsnorm als Spezialvorschrift in einem öffentlich-rechtlichen Gesetzeskomplex befindet oder wenn von einem öffentlich-rechtlichen Gesetzeskomplex auf § 426 BGB verwiesen[107] wird. Denn der gesetzliche Standort einer Norm bestimmt nicht den Rechtscharakter des aus ihr resultierenden Anspruchs[108].

III. Einheitlicher Rechtsweg durch „Zuständigkeit kraft Sachzusammenhanges“?

Das Ergebnis der herrschenden Meinung, die einen einheitlichen Rechtsweg für den Zessions- und den Innenregreß bejaht (indem sie die öffentlich-rechtliche Forderung nach ihrem Übergang auf die Privatperson als privatrechtlich qualifiziert), läßt sich auch nicht mit der Lehre[109] von der „Zuständigkeit kraft Sachzusammenhanges“ retten.

---

[106] *BGH* NJW 1965, 1595 (1596 unten) — hierzu siehe Fußn. 98. Vgl. auch *BGHZ* 43, 178 (187 oben) (Gesamtschuldnerische Haftung des klagenden Landes aus beamtenrechtlicher Fürsorgepflicht und des Beklagten aus §§ 7 StVG, 823 BGB).

[107] Eine solche Verweisung auf § 426 BGB enthält § 44 AO allerdings nicht. § 44 AO regelt nur das Außenverhältnis des Steuerpflichtigen zum Gläubiger, nicht auch das Innenverhältnis, das sich allein nach § 426 BGB bestimmt (siehe S. 20 Mitte). — Was aber das *Außen*verhältnis betrifft, so dürfte die Verwendung des Gesamtschuldbegriffs in § 44 AO (für den Fall von Regelungslücken bzw. -unklarheiten) als Verweisung auf die §§ 421 - 425 BGB zu verstehen sein; in diesem Sinne betr. § 425 Abs. 2 BGB: *BFHE* 113, 157 (160) = BStBl II 1974, 756 (758 unter II). Vgl. auch die Kommentare zu § 44 AO; siehe z. B. auch *Heinz Bender* StuW I 1938, Sp. 67 (74 unten).

[108] Siehe Fußn. 28.

[109] Vertreten von *F. Baur*, Festschrift v. Hippel 1967 (S. 1 ff.) und *Gravenhorst* (S. 104 ff.), *Rimmelspacher* AcP 174 (1974), 509 (542 f. unter 4) und *Rosenberg-Schwab* § 9 IV (S. 44). Ihnen folgend *Baumbach / Lauterbach / Albers* § 17 GVG Anm. 2 A.

Ebenso früher schon für die Ebene des Gerichtsstandes zwecks Vermeidung einer Gerichtsstandsspaltung: *Arthur Nikisch* (Der Streitgegenstand im Zivilprozeß, Tübingen 1935, S. 156 ff.) und *Walther Fischer* (Der Gerichtsstand des Zusammenhanges, ZZP 49 [1925], 345 [353/354]) gegen *Vereinigte Zivilsenate* RGZ 27, 385.

Nach dieser Lehre soll das für einen Klagegrund zuständige Gericht kraft Sachzusammenhanges kompetent sein, auch über die anderen (an sich vor ein anderes Gericht gehörenden) Klagegründe zu entscheiden. Das ergebe sich aus „zahlreichen Einzelbestimmungen“[109a], die „den allgemeinen Schluß zulassen, daß ein zulässigerweise mit einem Rechtsstreit befaßtes Gericht nicht gehindert ist, ‚zuständigkeitsfremde‘ tatsächliche oder rechtliche Elemente in seine Zuständigkeit einzubeziehen, sofern dies notwendig ist, um den Rechtsstreit abschließend zu entscheiden“[110].

Dieser Lehre ist mit der herrschenden Meinung[111] entgegenzuhalten, daß die angeführten[109a] Einzelbestimmungen Ausnahmecharakter haben und nicht verallgemeinerungsfähig sind. Aber selbst wenn man ihr grundsätzlich folgen dürfte, so könnte man doch nicht dazu kommen, daß die ordentlichen Gerichte über den öffentlich-rechtlichen Zessionsregreß entscheiden dürften. Denn öffentlich-rechtliche Streitigkeiten können gemäß § 40 Abs. 1 Satz 1 VwGO einem anderen Gericht nur *ausdrücklich* zugewiesen werden. Eine aus Einzelbestimmungen hergeleitete allgemeine Folgerung reicht nicht aus[111a], was von den Befürwortern der „Zuständigkeit kraft Sachzusammenhangs“ augenscheinlich nicht bedacht wird.

Für § 33 FGO gilt das gleiche wie für § 40 VwGO. Zwar ist das Wort „ausdrücklich“ nicht in § 33 FGO enthalten, es ist aber (ebenso wie der Begriff der öffentlich-rechtlichen Streitigkeit „nichtverfassungsrechtlicher Art“)[111b] in § 33 FGO hineinzulesen. Dem Finanzrechtsweg kann nämlich keine Zuständigkeit entzogen (oder zugeschoben) werden, die nicht auch dem

---

[109a] Angeführt bei *F. Baur* ebd. S. 18 - 22.

[110] Zitat aus *F. Baur* ebd. S. 23 oben.

[111] Nachweise im nachfolgenden Abschnitt IV sowie in den Fußnoten 136 - 140.

[111a] *BVerwGE* 15, 34 (35 unten): § 40 VwGO gesteht „die Zuweisung öffentlich-rechtlicher Streitigkeiten an andere Gerichtszweige allein dem Gesetzgeber zu. Damit scheidet die Möglichkeit aus, allein aus dem Sachzusammenhang die Zuständigkeit anderer Gerichte als der Verwaltungsgerichte in öffentlich-rechtlichen Streitigkeiten herzuleiten.“ — Vgl. auch *BVerwGE* 40, 112 (114).

[111b] Vgl. *BSGE* 48, 42 (43) = MDR 1979, 788 zum Begriff der „öffentlich-rechtlichen Streitigkeiten in Angelegenheiten der Sozialversicherung“ in § 51 Abs. 1 SGG: „Daß damit nur nichtverfassungsrechtliche Streitigkeiten erfaßt sind, ... folgt ... aus § 40 Abs. 1 Satz 1 VwGO. Hiernach ist der Verwaltungsrechtsweg in allen öffentlich-rechtlichen Streitigkeiten nichtverfassungsrechtlicher Art gegeben, soweit die Streitigkeiten nicht durch ein Bundesgesetz einem anderen Gericht ausdrücklich zugewiesen sind. § 51 Abs. 1 SGG ist ein solches Bundesgesetz. Es weist einen Teil der in ... § 40 Abs. 1 Satz 1 VwGO genannten Streitigkeiten den Gerichten der Sozialgerichtsbarkeit zu ... Das ... Zuständigkeitsmerkmal „Streitigkeiten nichtverfassungsrechtlicher Art“ des § 40 Abs. 1 Satz 1 VwGO ist in der Zuständigkeitsregelung des § 51 Abs. 1 SGG entbehrlich, da sie nur einen Teil jener Streitigkeiten herausgreift.“

Verwaltungsrechtsweg als dem „allgemeinen öffentlich-rechtlichen Rechtsweg“ entzogen (oder zugeschoben) werden könnte. Denn der Finanzrechtsweg ist nur ein „besonderer Verwaltungsrechtsweg“, so wie die Finanzgerichte „besondere Verwaltungsgerichte“ sind, deren Kompetenz einen Ausschnitt aus derjenigen der Verwaltungsgerichte bildet[112].

IV. Rechtswegspaltung tragbar?

Gegen die Rechtswegspaltung zwischen Zessions- und Kausalregreß, die sich aus der öffentlich-rechtlichen Qualifikation des Zessionsregresses ergibt (insoweit Verwaltungs- bzw. Finanz- oder Sozialrechtsweg), mag man einwenden, sie reiße „die durch den zugrundeliegenden einheitlichen Lebensvorgang gegebenen natürlichen Zusammenhänge auseinander“[113]. Dieser Einwand ist jedoch nicht rechtserheblich. Denn das positive Recht hat die gerichtlichen Zuständigkeiten (Rechtsweg, sachliche und örtliche Zuständigkeit) nicht nach Lebenszusammenhängen, sondern nach formal-juristischen Kategorien geordnet: nach der in Frage stehenden Rechtsfolge (staatliche Bestrafung = Strafgerichte; sonstige Rechtsfolge = Zivil- und Verwaltungsgerichte)[113a] und innerhalb dieser Grobeinteilung nach Deliktstypen bzw. (in der Zivil- und Verwaltungsgerichtsbarkeit:) nach der rechtlichen Qualifikation von Streitigkeit und Anspruch, danach ob eine öffentlich-rechtliche oder eine privatrechtliche Streitigkeit gegeben ist, ob ein vertraglicher oder ein deliktischer, ein dinglicher oder ein obligatorischer Anspruch erhoben wird[114]:

So ist z. B. für die gegen Verwaltungsunrecht gerichtete Beseitigungsklage (Aufhebung von Verwaltungsakten, Widerruf von schädigenden Äußerungen) der Verwaltungs-(Finanz- oder Sozial-)rechtsweg gegeben, für die auf das Unrecht gegründete Schadensersatz- oder Entschädigungsklage hingegen der ordentliche Rechtsweg: Die in einem Verwaltungsakt enthaltene Enteignung muß im Verwaltungsrechtsweg bekämpft werden (§ 40 Abs. 1 VwGO), die in demselben Verwaltungsakt enthaltene und an denselben Lebenssachverhalt anknüpfende Entschädigungsfestsetzung hingegen im ordentlichen Rechtsweg (Art. 14 Abs. 3 Satz 4 GG); für den Widerruf einer geschäftsschädigenden amtlichen Äußerung ist der Verwaltungsrechtsweg gegeben (Folgenbeseitigungsanspruch, § 40 Abs. 1 VwGO), für die Schadensersatzklage hingegen der ordentliche Rechtsweg (Art. 34 Satz 3 GG).

Die Aufspaltung der Rechtswegzuständigkeit für verschiedene Aspekte eines einheitlichen Lebensvorganges gibt es aber nicht nur

---

[112] *Hübschmann / Hepp / Spitaler / v. Wallis* § 63 FGO Rdnr. 6: „Ist der Finanzrechtsweg ein *Teil des Verwaltungsrechtswegs*, so ist zu seiner Umgrenzung zunächst die Breite des Verwaltungsrechtsweges abzustecken.“

[113] Zitat aus *BGHZ* 9, 65 (70 unten).

[113a] Durchbrechung zugunsten des einheitlichen Lebenszusammenhanges nur im Falle des Adhäsionsverfahrens gemäß §§ 403 ff. StPO.

[114] Vgl. *Bettermann* JZ 1960, 335 (342 unter IV am Ende).

— wie in den Beispielen — bei verschiedenen Rechtsfolgebegehren = Klaganträgen. Sogar ein- und derselbe Klagantrag kann einer Rechtswegspaltung unterliegen:

Zum Beispiel muß der Beamte wegen seines Schadensersatzanspruchs gegen seinen Dienstherrn den Verwaltungsrechtsweg beschreiten, soweit er seinen Anspruch auf Fürsorgepflichtverletzung stützt (§§ 40 Abs. 2 Satz 2 VwGO, 126 BRRG), hingegen im ordentlichen Rechtsweg vorgehen, soweit er ihn auf Amtspflichtverletzung stützt (Art. 34 Satz 3 GG)[115].

Der Vertragspartner eines Hoheitsträgers muß wegen seiner Schadensersatzansprüche im Verwaltungsrechtsweg vorgehen, soweit er sie auf die Verletzung öffentlich-rechtlicher Vertragspflichten stützt (§ 40 Abs. 2 Satz 1 VwGO), hingegen im ordentlichen Rechtsweg, soweit er sie auf Amtspflichtverletzung stützt (Art. 34 Satz 3 GG).

Wenn in diesen Beispielen, in denen nur öffentlich-rechtliche Anspruchsgrundlagen bedeutsam sind[116], die Rechtswegspaltung innerhalb eines Klagantrags akzeptiert wird[117], muß sie erst recht in der in dieser Arbeit erörterten Konstellation toleriert werden, in der die Anspruchsgrundlagen (öffentlich-rechtlicher Zessionsregreß und privatrechtlicher Innenregreß) eine verschiedene Rechtsnatur aufweisen.

Die Rechtswegspaltung für Zessionsregreß und Innenregreß kann um so mehr deshalb akzeptiert werden, weil eine prozessuale Spaltung in der minderen Form einer „Gerichtsstandsspaltung"[118] schon längst anerkannt ist:

Wenn z. B. einer von zwei gesamtschuldnerisch verpflichteten Mietern den Gläubiger befriedigt, ist zur Entscheidung über den aus § 426 Abs. 1 Satz 1

---

[115] Allgemeine Meinung: vgl. z. B. *BVerwGE* 13, 17; *BVerwG* DVBl. 1963, 677 f.; *BVerwGE* 18, 181; 20, 199 (201); 25, 7 (8); *BVerwG* DVBl. 1968, 646 (649/650); *BVerwGE* 52, 247 (249/250); *BGHZ* 29, 310 (313); 43, 178 (186); vgl. auch *BGHZ* 46, 96 (104 oben und 105 unten m. w. N.); *BAGE* 6, 300 (305 f.) = NJW 1959, 260 f. = AP Nr. 12 zu § 2 ArbGG 1953 Zuständigkeitsprüfung mit Anm. *Bötticher*.

Ehe § 126 BRRG (vom 1. 7. 1957) den § 71 Abs. 2 Nr. 1 GVG verdrängte (im Sinne von: lex posterior derogat legi priori, vgl. *BAGE* 8, 270 oben), war einheitlich auch für die beamtenrechtliche Anspruchsgrundlage der ordentliche Rechtsweg gegeben: siehe *BGHZ* 21, 256; 22, 258; 23, 36.

[116] Weitere Beispiele bei *M. J. Neumann* JuS 1972, 573 (575 unter IV) und bei *Saure* S. 131.

[117] So die herrschende Meinung; anderer Ansicht die auf S. 44 f. dargestellte Lehre von der „Zuständigkeit kraft Sachzusammenhanges".

[118] Gerichtsstandsspaltungen gibt es auch außerhalb Zessionsregreß/Kausalregreß:

Wenn z. B. ein Amtsträger der öffentlichen Gewalt auf einer Dienstfahrt einen Schaden verursacht, ist für den Anspruch aus § 7 StVG das Amtsgericht bis zu einem Streitwert von DM 3 000 (nicht ausschließlich) zuständig (§ 23 Nr. 1 GVG), während für den deliktischen Anspruch aus Art. 34 GG i. V. m. § 839 BGB das Landgericht ausschließlich zuständig ist (§ 71 Abs. 2 Nr. 2 GVG).

Zu „gespaltener" sachlicher oder örtlicher Zuständigkeit siehe außerdem die in Fußn. 137 (am Ende) zitierten Entscheidungen.

BGB folgenden Ausgleichsanspruch nur das Gericht am Wohnsitz des beklagten Mitmieters örtlich zuständig (§§ 12, 13 ZPO), während die nach § 426 Abs. 2 Satz 1 BGB anteilig übergegangene Forderung nur im ausschließlichen Gerichtsstand des § 29 a ZPO (der infolge Umzugs oder bei einer Zweitwohnung vom Gerichtsstand des Hauptwohnsitzes verschieden sein kann) geltend gemacht werden kann[119].

Die Rechtswegspaltung für den öffentlich-rechtlichen Zessionsregreß und den privatrechtlichen Innenregreß tritt auch dann ein, wenn die Parteien Arbeitgeber und Arbeitnehmer sind:

Wenn der zusammen mit seinem Arbeitnehmer für dessen Lohnsteuerschuld gesamtschuldnerisch haftende Arbeitgeber (§ 42 d Abs. 3 Satz 1 EStG) Regreß bei seinem Arbeitnehmer nimmt[120], ist der Rechtsweg zu den Arbeitsgerichten nur für den privatrechtlichen Innenregreß (aus dem Arbeitsverhältnis und aus § 426 Abs. 1 Satz 1 BGB) eröffnet. Die Sachzusammenhangszuständigkeit des § 3 Abs. 1 ArbGG[121] eröffnet diesen Rechtsweg nicht auch für den öffentlich-rechtlichen Zessionsregreß aus § 426 Abs. 2 BGB, denn sie gilt (wie auch § 3 Abs. 2 ArbGG) nur für privatrechtliche, nicht dem Verwaltungs-, Finanz- oder Sozialrechtsweg zugewiesene Ansprüche[122].

Die Rechtswegspaltung zwischen öffentlich-rechtlichem Zessionsregreß und privatrechtlichem Innenregreß ist die unvermeidbare Konsequenz dessen, daß das positive Recht die gerichtlichen Zuständigkeiten nach der rechtlichen Qualifikation von Streitigkeit und Anspruch bestimmt. Dieser Konsequenz muß man sich de lege lata beugen[123].

Die Rechtswegspaltung mit „schiefen Kunstgriffen“ zu vermeiden, ist zu mißbilligen:

In dem Prozeß BGHZ 9, 65 verlangte eine Stadtgemeinde vom Land die anteilige Erstattung eines an einen Fuhrunternehmer gezahlten Schadens-

---

[119] Vgl. zu einem ähnlichen Fall *OLG München* NJW 1967, 55 zu §§ 158 f. VVG, 32 ZPO.

[120] Zu solchen Fallgestaltungen vgl. *RAGE* 10, 180; *BAG* AP Nr. 1, 2, 4 zu § 670 BGB; *BAGE* 6, 52 = NJW 1958, 1460 = AP Nr. 5 ebd. mit Anm. *Schnorr von Carolsfeld; BAGE* 7, 1 = NJW 1959, 1004 = AP Nr. 7 ebd.; *BAGE* 9, 105 = MDR 1960, 615 = AP Nr. 8 ebd. m. Anm. *Schnorr von Carolsfeld; BAGE* 11, 73 = NJW 1961, 1326 = AP Nr. 9 ebd.; *BAGE* 20, 230 = NJW 1968, 862 = AP Nr. 17 ebd.; *BAGE* 26, 187 = NJW 1975, 79 = AP Nr. 20 ebd. m. Anm. *Wiedemann.*

[121] Der nicht nur im Falle des Sachzusammenhanges zwischen zwei Rechtsstreitigkeiten, sondern auch (erst recht) im Falle mehrerer zusammenhängender Klagegründe eines Streitgegenstandes anzuwenden ist (*BAGE* 5, 178, 181 = AP Nr. 28 zu § 2 ArbGG 1953 unter III).

[122] Vgl. *Grunsky,* Arbeitsgerichtsgesetz, Kommentar, 2. Aufl. 1978, § 3 Rdnr. 5. — Für dem Verwaltungs-, Finanz- oder Sozialrechtsweg zugewiesene Ansprüche ist nämlich im Sinne des § 3 Abs. 1 ArbGG „eine ausschließliche Zuständigkeit eines anderen Gerichts gegeben“, die nicht kraft „rechtlichen oder unmittelbaren wirtschaftlichen Zusammenhangs“ überwindbar ist.

[123] Abzulehnen ist die Lehre von der „Zuständigkeit kraft Sachzusammenhanges“, s. S. 44 - 46.

ersatzbetrages mit der Begründung, daß Beamte des Landes an der von Stadtbediensteten begangenen Amtspflichtverletzung beteiligt gewesen seien. Der auf den Forderungsübergang gemäß § 426 Abs. 2 Satz 1 BGB gestützte Anspruch war ein Schadensersatzanspruch aus § 839 BGB/Art. 34 GG und somit im ordentlichen Rechtsweg auszufechten (ebd. S. 73 am Ende). Der auf § 426 Abs. 1 Satz 1 BGB gestützte Ausgleichsanspruch war hingegen kein Amtshaftungsanspruch; vielmehr lag die Folgerung nahe (ebd. S. 68 unter 3), daß der Ausgleichsanspruch — mit der Konsequenz des Verwaltungsrechtsweges — öffentlich-rechtlicher Natur sei (weil § 426 Abs. 1 BGB insoweit als Ausgleichsnorm im Verhältnis zwischen Hoheitsträgern und somit als öffentlich-rechtliche Norm zur Anwendung kommt[124]). Diese Rechtsweg(spaltungs)-konsequenz vermied der Bundesgerichtshof, indem er den Ausgleichsanspruch des § 426 Abs. 1 Satz 1 BGB als „Rückgriff" im Sinne des Art. 34 Satz 3 GG ansah. Nur durch Überdehnung des Begriffs des Rückgriffs[124a] war dem Bundesgerichtshof die Vermeidung einer Rechtswegspaltung möglich. Die sonstigen Rechtswegzuweisungen (§§ 13 GVG, 2 ArbGG, 40 VwGO, 33 FGO, 51 SGG) enthalten nicht derartig dehnbare Begriffe: Wenn Art. 34 Satz 3 GG nicht herangezogen werden kann, muß sich deshalb auch der Bundesgerichtshof der Konsequenz der Rechtswegspaltung beugen.

D. Ergebnis

Eine öffentlich-rechtliche Forderung behält im Falle ihres Überganges auf eine Privatperson ihren öffentlich-rechtlichen Charakter und muß demgemäß im Wege einer öffentlich-rechtlichen Streitigkeit zwischen Privatpersonen im Verwaltungs-(Finanz-, Sozial-)rechtsweg ausgefochten werden; mit diesem Ergebnis wird man sich abfinden und befreunden müssen (ergänzend dazu s. u. I).

Ebenso muß die Rechtswegspaltung akzeptiert werden, die sich ergibt, wenn mit dem öffentlich-rechtlichen Regreßanspruch ein privatrechtlicher konkurriert (ergänzend dazu s. u. II).

I. Rechtsweg für übergegangene Forderungen und ihre Vollstreckung

1. Finanz- oder Verwaltungsrechtsweg

Wenn die auf die Privatperson übergegangene Steuerforderung Abgaben betrifft, die „der Gesetzgebung des Bundes unterliegen und durch Bundes- oder Landesfinanzbehörden verwaltet werden", so greift die Zuweisung des § 33 Abs. 1 Nr. 1, Abs. 2 FGO in den *Finanzrechtsweg* auch im Verhältnis der Privatpersonen untereinander ein. Das Tatbestandsmerkmal der „Abgabenangelegenheit", das in Abs. 1 Nr. 1

---

[124] Vgl. S. 25 nach Fußn. 28.

[124a] *BVerwG* NJW 1963, 69 (70 am Ende) sagt — in ähnlichem Zusammenhang — zu Recht, daß die „Ausnahmevorschrift des Art. 34 Satz 3 GG keiner extensiven Auslegung zugänglich ist".

verwendet und in Abs. 2 als „mit der Anwendung der abgabenrechtlichen Vorschriften *durch die Finanzbehörden zusammenhängende* Angelegenheit“ definiert wird, ist erfüllt[125]: denn die Forderungsinhaberschaft der Privatperson beruht darauf, daß die Finanzbehörden sie zur Erfüllung der Abgabenforderung zumindest veranlaßten (z. B durch Betreiben der Zwangsvollstreckung oder durch Verlangen der Befriedigung im Sinne von §§ 268, 1150 BGB), wenn nicht gar zwangen (so in der Regel bei Bürge und Gesamtschuldner).

Betrifft der Forderungsübergang demgegenüber *Realsteuern* (§ 3 Abs. 2 AO: Gewerbesteuer und Grundsteuer) in einem Bundesland, das deren[126] Verwaltung gemäß der Ermächtigung der Art. 108 Abs. 4 Satz 2, 106 Abs. 6 Satz 1 GG den *Gemeinden* übertragen hat (so alle Bundesländer außer Hamburg und Berlin), ist mangels Eingreifens des § 33 Abs. 1 Nr. 1 FGO[127] gemäß § 40 Abs. 1 Satz 1 VwGO der *Verwaltungsrechtsweg* gegeben.

2. *Vollstreckung*

Die Vollstreckung aus einem *verwaltungsgerichtlichen* Urteil[128], das eine Privatperson über die auf sie übergegangene Steuerforderung erstritten hat, erfolgt — wie oben[129] festgestellt — gemäß § 167 VwGO entsprechend dem Achten Buch der Zivilprozeßordnung, wobei Vollstreckungsgericht[130] das Verwaltungsgericht ist (wie § 167 Satz 2 VwGO ausdrücklich bestimmt). — Entsprechendes gilt für das von einer Privatperson gegen eine andere erstrittene *Finanzgerichtsurteil*[128]: Die in §§ 150 - 154 FGO fehlende Vollstreckungsmöglichkeit ergibt sich aus § 155 FGO i. V. m. dem Achten Buch der Zivilprozeßordnung[131], wobei Vollstreckungsgericht[130] das Finanzgericht ist (die FGO enthält zwar

125 Die Bedenken von *Stolterfoht* JZ 1975, 658 (659 unter I 1 a) bestehen zu Unrecht: er berücksichtigt nicht hinreichend das Tatbestandsmerkmal der „zusammenhängenden“ Angelegenheit.

126 Nur die Festsetzung, Erhebung und Beitreibung der *Realsteuern* wird den Gemeinden übertragen; für die Festsetzung der *Steuermeßbeträge* bleiben die Landesfinanzbehörden zuständig.

127 Der Finanzrechtsweg könnte nicht durch eine *landes*gesetzliche Regelung im Sinne des § 33 Abs. 1 Nr. 4 FGO eröffnet werden; denn Gewerbe- und Grundsteuer sind bundesrechtlich geregelt, gemäß § 40 Abs. 1 Satz 2 VwGO dürfen aber nur öffentlich-rechtliche Streitigkeiten auf dem Gebiet des *Landes*rechts dem Verwaltungsrechtsweg durch landesrechtliche Regelung entzogen werden. — Ebenso *K. F. Vogel*, Zur Zulässigkeit des Finanzrechtsweges, 1969, S. 40 und S. 212 unten; *Ule*, Verwaltungsgerichtsbarkeit, § 40 Anm. IV 1 (S. 93); *Naumann* DVBl. 1966, 1 (4).

128 Leistungsurteil, vgl. S. 61.

129 Siehe oben § 2 B II 2 a (S. 35).

130 Im Sinne von § 764 ZPO. — Es gibt aber zahlreiche Fälle zivilgerichtlicher Mitwirkung an der verwaltungsgerichtlichen Vollstreckung, dazu im einzelnen *Gaul* JZ 1979, 496 ff.

131 Siehe oben § 2 B II 2 b (S. 35/36).

keine dem § 167 Satz 2 VwGO entsprechende Vorschrift, für sie muß aber kraft der in § 155 FGO bestimmten „sinngemäßen" Anwendung das gleiche gelten).

Die Vollstreckung der Forderung unterliegt also nach ihrem Übergang vom Hoheitsträger auf die Privatperson anderen Regeln als vorher: der Hoheitsträger kann die Forderung durch Verwaltungsakt und Verwaltungsvollstreckung beitreiben (VwVollstrG = Sechster Teil der AO; diese Vorschriften sind gemäß § 169 Abs. 1 VwGO = § 150 FGO auch nach Erlaß eines Gerichtsurteils anzuwenden). Diese Befugnisse hat die Privatperson nicht[132]; sie benötigt einen gerichtlichen Titel, aus dem nach der Zivilprozeßordnung vollstreckt wird. — Diese Änderung bedeutet aber keine Inhaltsänderung, da das Wesen einer öffentlich-rechtlichen Forderung nicht durch die Art ihrer Vollstreckbarkeit bestimmt wird[133].

II. Rechtswegspaltung

Wenn mit dem öffentlich-rechtlichen Zessionsregreß ein privatrechtlicher Regreß konkurriert (S. 38 - 49), ergibt sich eine Rechtswegspaltung:

Die Geltendmachung der *übergegangenen Steuerforderung* (§§ 774 Abs. 1, 1143 Abs. 1, 1225, 426 Abs. 2 BGB) begründet eine öffentlich-rechtliche Streitigkeit über Abgabenangelegenheiten, die als Steuerprozeß zwischen Privatpersonen im *Finanz- oder Verwaltungsrechtsweg* (S. 49/50) auszutragen ist.

Das Regreßverlangen aus *Vertrag* und/oder *§ 426 Abs. 1 S. 1 BGB* oder *Geschäftsführung ohne Auftrag* ergibt hingegen eine privatrechtliche Streitigkeit, die im *ordentlichen Rechtsweg*[134] auszufechten ist.

Zu den Anspruchskonkurrenzen siehe Fußn. 135.

---

[132] Siehe S. 21 oben.

[133] Siehe oben § 1 C 1 (S. 21).

[134] Falls §§ 2, 3 ArbGG gegeben sind (Beispiel bei Fußn. 120): vor den Arbeitsgerichten.

[135] *Anspruchskonkurrenzen* (nur grobe Skizzierung):

a) Neben dem *Zessionsregreß* kann ein *vertraglicher Anspruch* sowie ein Anspruch aus *§ 426 Abs. 1 Satz 1 BGB* gegeben sein: siehe S. 38 Fußn. 72 und S. 42.

b) Das Konkurrenzverhältnis von *Zessionsregreß* zur *Geschäftsführung ohne Auftrag* ist differenzierend zu beurteilen:

Die *Zahlung* des Dritten (Bürge, Gesamtschuldner) kann keine Rechtsbeziehung im Sinne der §§ 677, 683 BGB im Verhältnis zum (Haupt-, Mitgesamt-)Schuldner begründen, weil dieser infolge des Forderungsüberganges nicht entlastet wird (vgl. Fußn. 84).

Nur die *Entstehung* der „Mitschuld" (Bürgschaftsübernahme, Gesamtschuldbegründung) kommt als Übernahme eines fremden Geschäfts im Sinne der §§ 677, 683 BGB in Frage: ebenso wie in der Bürgschaftsübernahme (vgl. Fußn. 84) kann m. E. in der Begründung einer Gesamtschuld, soweit sie freiwillig z. B. durch Schuldbeitritt erfolgt, die Übernahme eines fremden Geschäfts liegen (vgl. *K. Larenz,* Lehrbuch des Schuldrechts, I. Band: Allgemeiner Teil, 11. Aufl. 1976, § 37 III S. 503); im Falle *gesetzlich* begrün-

1. *Verfahren hinsichtlich der "rechtswegfremden" Anspruchsgrundlage*

Was prozessual hinsichtlich der im beschrittenen Rechtsweg nicht verfolgbaren Anspruchsgrundlage (= Klagegrundes) zu geschehen hat, ist streitig; im Rahmen dieser Arbeit muß eine Meinungsübersicht[136] genügen:

Der überwiegende Teil der *Rechtsprechung*[137] pflegt hinsichtlich der „rechtswegfremden" Anspruchsgrundlage die Klage *als unzulässig abzuweisen;* eine Verweisung nur hinsichtlich eines Teiles eines Streit-

---

deter Gesamtschuld wird man dagegen die Übernahme eines fremden Geschäfts nicht bejahen können.

Alles sehr streitig. *Medicus* (§ 17 II 4 b Rdnr. 415, S. 186 oben); *Erman / Westermann* (§ 426 Rdnr. 5); *Erman / Hauß* (Rdnr. 8/9 vor § 677); *Hans Brox* (Besonderes Schuldrecht, 5. Aufl. 1977, Rdnr. 366); *Heinz Bender* (StuW I 1938, Sp. 67, 71 oben) wollen im Falle echter Gesamtschuld anscheinend immer den Regreß aus Geschäftsführung ohne Auftrag verneinen. — Anders die Rechtsprechung: *BGH* NJW 1963, 2067 (2068 unter c + d) bejaht in einem Fall freiwillig begründeter Gesamtschuld den Regreß aus Geschäftsführung ohne Auftrag (logischerweise begrenzt auf die „Anteilsquote"); *OVG Münster* NJW 1976, 1956 f. bejaht ihn in einem Fall „unfreiwillig" begründeter Gesamtschuld.

c) Neben *Zessionsregreß* kann *kein Bereicherungsanspruch* bestehen: vgl. Fußn. 85 (anderer Ansicht aber offenbar teilweise die Rechtsprechung zu § 426 Abs. 2 BGB, wie im folgenden zu § 426 Abs. 1 Satz 1 BGB zitiert).

d) Neben *§ 426 Abs. 1 Satz 1 BGB* kann *kein Bereicherungsanspruch* bestehen, weil der Schuldner infolge des gemäß § 426 Abs. 1 Satz 1 BGB entstandenen Ausgleichsanspruchs nicht entlastet und also nicht bereichert ist (vgl. *Medicus* § 35 IV 3 Rdnr. 950 und I 1 c + 2 e Rdnr. 910 + 915; demgegenüber erkennt *BGH* NJW 1963, 2067 (2068) einen — auf die „Anteilsquote" begrenzten — Bereicherungsanspruch an).

e) Soweit ein Regreß aus *Geschäftsführung ohne Auftrag* (§§ 677, 683, 670 BGB) gegeben ist, kann *kein Bereicherungsanspruch* bestehen, weil der Schuldner infolge des entstandenen Anspruchs aus Geschäftsführung ohne Auftrag nicht entlastet ist: *Medicus* § 35 IV 3 Rdnr. 950; *Heinz Bender* StuW I 1938, Sp. 67 (71 oben); *BGH* NJW 1969, 1205 (1207 unter 4 b). — Anders allerdings teilweise die Rechtsprechung (begrenzt auf die „Anteilsquote"): *RGZ* 82, 206 (215); *BGH* NJW 1963, 2067 (2068 unter d).

[136] Vgl. die zahlreichen Literaturnachweise bei *F. Baur* (Festschrift v. Hippel 1967 S. 8) und bei *Gravenhorst* (§ 17 II e S. 75 - 77) sowie die in den folgenden Fußnoten genannten Entscheidungen.

[137] *BGHZ* 13, 145 (153/154) = NJW 1954, 1321; *BGH* DÖV 1956, 668 = JZ 1956, 573 = LM Nr. 8 zu § 81 BVerwGG = NJW 1956, 1358 (nur Leitsatz); *BVerwG* MDR 1960, 783; DVBl. 1960, 854 (855/856); *BVerwGE* 18, 181 (182/183); 22, 45 (46 f.); *BVerwG* DVBl. 1968, 646 (649/650); *BVerwGE* 47, 7 (13); *BAGE* 6, 300 (306 am Ende) = NJW 1959, 260 (261 am Ende) = AP Nr. 12 zu § 2 ArbGG 1953 Zuständigkeitsprüfung.

Ebenso *BGH* NJW 1964, 45 (46) zur Spaltung ordentlicher Rechtsweg/Arbeitsrechtsweg; BGHZ 5, 105 (107) und *RGZ* 165, 374 (384) zu „gespaltener" sachlicher Zuständigkeit; *BGH* NJW 1971, 564 = JZ 1971, 366 = JR 1971, 245 und *BGH* NJW 1974, 410 (411 unter II 1) sowie *Vereinigte Zivilsenate* RGZ 27, 385 und *RGZ* 73, 162 (165) zu „gespaltener" örtlicher Zuständigkeit.

gegenstandes soll nicht statthaft sein. Während die Rechtsprechung zunächst noch[138] eine Abweisung ausdrücklich im *Tenor* für zulässig und geboten hielt, setzte sich später[139] die Auffassung durch, daß die Unzulässigkeit des Rechtsweges lediglich in den *Entscheidungsgründen* zum Ausdruck gebracht werden dürfe.

Manche Gerichte[140] nehmen demgegenüber — auf Antrag — eine *(Teil-)Verweisung* vor.

Gravenhorst[141] meint, wenn man schon an der Zuständigkeitsspaltung festhalte, solle das zunächst angerufene Gericht über die in seine Zuständigkeit fallende Anspruchsgrundlage nicht durch Endurteil, sondern durch *Zwischenurteil* entscheiden und den gesamten Rechtsstreit an das für die restlichen Anspruchsgrundlagen zuständige Gericht verweisen. Gravenhorst gesteht aber selbst zu, daß dieser Lösungsweg „praeter legem" ist, da die heutigen[142] Prozeßordnungen Zwischenurteile über einzelne Anspruchsgrundlagen (= Klagegründe) nicht kennen[143].

Gesetzentwürfe[144] wollen dem für eine Anspruchsgrundlage zuständigen Gericht die Kompetenz geben, über die anderen (an sich vor ein anderes Gericht gehörenden) Anspruchsgrundlagen mitzuentscheiden. Solche „*Gesamtzuständigkeit*" wird de lege ferenda auch teilweise im Schrifttum[145] befürwortet. Daß die Rechtswegspaltung ***schon de lege lata* vermieden** werden könne, meint nur die auf S. 44 - 46 dargelegte Lehre von der „Zuständigkeit kraft Sachzusammenhanges".

---

[138] *BGHZ* 5, 105 (108 oben).

[139] *BGHZ* 13, 145 (154) = NJW 1954, 1321 (1323); wohl auch *BAGE* 6, 300 (306 am Ende) = NJW 1959, 260 (261 am Ende) = AP Nr. 12 zu § 2 ArbGG 1953 Zuständigkeitsprüfung. — Vgl. auch *BGH* NJW 1964, 45 (46 rechts oben) (zu dieser Entscheidung siehe auch Fußn. 141).

[140] *BAGE* 7, 223 (234) = NJW 1959, 1243 (1247) = AP Nr. 1 zu § 419 BGB; anscheinend auch *BFHE* 112, 220 (224 am Ende) = BStBl. II 1974, 557 (559 am Ende).

Für die Zulässigkeit einer (Teil-)Verweisung sprechen sich auch aus: *Saure* S. 143 - 156; *Grunsky* JZ 1971, 337 (338 unter 3); *Ritter* NJW 1978, 1217 (1218 unter 2); *Bötticher* Anm. zu BAG AP Nr. 12 zu § 2 ArbGG 1953 Zuständigkeitsprüfung (unter III) und Festschrift Juristentag 1960 S. 511 (543/544); *Stein / Jonas / Schumann / Leipold* § 276 Anm. IX 2 b (S. 1127).

[141] S. 97/98. — Die Möglichkeit eines Zwischenurteils zieht auch *BGH* NJW 1964, 45 (46 rechts oben) in Betracht.

[142] Anders früher: vgl. *Bettermann*, Zwischenurteil über materiellrechtliche Vorfragen, ZZP 79 (1966), 392 ff.

[143] Vgl. *BGHZ* 8, 384; 49, 36.

[144] Dazu siehe *Walter Stein* MDR 1972, 733 (735 Fußn. 31), *Gravenhorst* S. 39 u. 43, *Rimmelspacher* AcP 174 (1974), 509 (542 Fußn. 59).

[145] Nachweise bei *Gravenhorst* S. 105 Fußn. 2.

2. *Steuerprozeß oder Zivilprozeß günstiger?*

Zwischen dem Steuerprozeß und dem Zivilprozeß kann der Regreßberechtigte wählen[146]. Er kann aber auch beide Prozesse (neben- oder) nacheinander betreiben. Weder § 34 Abs. 2 FGO = § 41 Abs. 2 VwGO = § 17 Abs. 2 GVG noch die Rechtskraft der im ersten Prozeß ergangenen Entscheidung stehen dem zweiten Prozeß entgegen. Denn die Entscheidung im ersten Prozeß ist nur über den öffentlich-rechtlichen oder über den privatrechtlichen Anspruch ergangen; ein neuer Prozeß wegen des noch nicht beschiedenen Anspruchs ist zulässig[147].

Welchen der beiden Prozesse der Regreßberechtigte (zunächst) anstrengt, wird er danach entscheiden, ob er mit dem öffentlich-rechtlichen Zessionsregreß oder mit dem privatrechtlichen Innenregreß besser fährt:

a) Der *Zessionsregreß* ist für ihn vorteilhaft, wenn er aus den mitübergehenden Sicherungs- und Vorzugsrechten Nutzen ziehen will (z. B. Konkursvorrecht, näher unten § 9, S. 100 ff.)[148].

Gleiches gilt, wenn der Regreßberechtigte im Steuerfestsetzungs-(Rechtsmittel-)verfahren nicht beigeladen wurde und erst nach Bestandskraft des Steuerbescheides gezahlt hat: nur soweit er aus dem Zessionsregreß vorgeht, kommt ihm die Wirkung des Steuerbescheides zugute (näher S. 92).

b) Daß der Regreßberechtigte mit dem Zessionsregreß besser fährt als mit dem Innenregreß, ist aber die Ausnahme. Denn der Zessionsregreß ist durch alle Einwendungen und Einreden begrenzt, die der Schuldner dem Altgläubiger entgegensetzen konnte (§§ 404, 406 i. V. m. 412 BGB) und *außerdem* durch den Umfang des privatrechtlichen Regresses (§§ 774 Abs. 1 Satz 3, 426 Abs. 2 Satz 1, 1. Halbs. BGB)[149]. Deshalb fährt der Regreßberechtigte *in der Regel* mit dem *privatrechtlichen Regreß* mindestens ebenso gut oder sogar *besser*, z. B.:

---

[146] Vgl. z. B. *Eyermann / Fröhler* § 40 Rdnr. 30; vgl. auch Fußn. 72.

[147] Vgl. *BVerwGE* 12, 64 (66 unten/67); *BGH* VersR 1978, 59 (60 unter II 1 b); *Vereinigte Zivilsenate* RGZ 27, 385 (389); ebenso *Dietz* Anm. zu BAG AP Nr. 3 zu § 2 ArbGG 1953 (unter I 2); *Rössler* StuW I 1968 Sp. 629 (634 oben); *F. Baur*, Festschrift v. Hippel 1967, S. 1 (8 Fußn. 25 m. w. N.). — Solange sich allerdings der Kläger im zunächst beschrittenen Rechtsweg nicht auf die Geltendmachung des hier zu prüfenden Klagegrundes beschränkt, hält *BVerwGE* 18, 181 (185/186) eine neue Klage im anderen Rechtsweg wegen anderweitiger Rechtshängigkeit für unzulässig.

[148] Zu beachten ist aber, daß einem öffentlich-rechtlichen Zessionsregreß nicht nur öffentlich-rechtliche, sondern auch privatrechtliche Sicherungsrechte anhaften können (vgl. *Stein / Jonas / Pohle* Anm. II A 2 b am Ende vor § 1, S. 73): Wer z. B. aus vertraglich begründeten Sicherungsrechten Befriedigung sucht, muß dies gemäß § 192 AO „nach den Vorschriften des bürgerlichen Rechts“ und somit im ordentlichen Rechtsweg tun. — Vgl. bei Fußn. 310.

[149] Siehe S. 39/40 und S. 43.

aa) Gegen den privatrechtlichen Regreßanspruch kann der Schuldner nur mit den in ihrem Verhältnis zueinander begründeten Gegenforderungen *aufrechnen* (§§ 387 ff. BGB). Gegen den zedierten Anspruch kann er *außerdem*[150] mit seinen gegen den Steuerfiskus gerichteten Ansprüchen aufrechnen, soweit diese unbestritten oder rechtskräftig festgestellt sind (§ 226 Abs. 3 AO[151]).

Warum seine Aufrechnung gegen den zedierten Anspruch nicht mehr durch die Schranke des § 226 Abs. 3 AO begrenzt sein sollte[152], ist nicht einsichtig. Zwar mag die Aufrechnungsschranke des § 226 Abs. 3 AO als höchstpersönliches, nicht-übergangsfähiges Privileg des Fiskus zu qualifizieren sein[153]. Aber die Aufrechnung trotz fehlender (gemäß §§ 226 Abs. 1 AO, 387 BGB an sich erforderlicher) Gegenseitigkeit wird von § 406 BGB[154] nur insoweit zugelassen, als der Schuldner mit der Möglichkeit der Aufrechnung gegen den bisherigen Gläubiger rechnen konnte. Mit der Möglichkeit der Aufrechnung gegen den Fiskus konnte er aber nur hinsichtlich seiner unbestrittenen und seiner rechtskräftig festgestellten Gegenforderungen rechnen. Deshalb kann er auch gegen den zedierten Anspruch mit seinen gegen den Fiskus gerichteten Ansprüchen nur insoweit aufrechnen, als diese unbestritten oder rechtskräftig festgestellt sind.

bb) Der privatrechtliche Regreßanspruch unterliegt den *Verjährungsfristen* der §§ 195 - 197 BGB[155], der zedierte Anspruch den Fristen der §§ 228 - 232 AO, die regelmäßig[156] kürzer sind.

Die Verjährungsfristen der Abgabenordnung mit Übergang der Steuerforderung auf die Privatperson durch diejenigen des BGB zu ersetzen, auch

---

150 Ganz herrschende Meinung: vgl. z. B. *BGHZ* 19, 153 (155/156); *Erman / Seiler* § 774 Rdnr. 10; *Palandt / Thomas* § 774 Anm. 2 b.

151 Durch § 226 Abs. 2 - 4 AO werden die §§ 390 Satz 2, 395 BGB verdrängt, siehe den letzten Halbsatz von § 226 Abs. 1 AO. — *Tipke / Kruse* § 226 AO Rdnr. 15; *Palandt / Heinrichs* § 395 Anm. 2.

152 So die Meinung von *Stolterfoht* JZ 1975, 658 (662 unter III 1), der das aber nicht näher begründet.

153 Solches könnte aus der Entscheidung *BFHE* 128, 160 (162) = BStBl. II 1979, 690 (691) herauszulesen sein: „Zweck der Regelung ist es, ... das Finanzamt ... von der Feststellung des Bestehens der Gegenforderungen freizustellen. ... Dadurch sollen vor allem Schwierigkeiten vermieden werden, wenn für die Feststellung des Bestehens der Steuerforderung und der Gegenforderung verschiedene Behörden zuständig sind."

154 Zur Anwendung der §§ 398 ff. BGB siehe Fußn. 7.

155 Da der privatrechtliche Ausgleichsanspruch selbständig ist und sein eigenes rechtliches Schicksal hat (*BGHZ* 20, 371, 374; *RGZ* 69, 422, 423 f. und 429; 77, 317, 322), ist die Ansicht abzulehnen, daß sich seine Verjährung nach derjenigen der Außenforderung richte: *RGZ* 69, 422 (426 - 429); 77, 317 (322); 146, 97 (101); 159, 86 (89); *BGHZ* 58, 216 (218); *Palandt / Heinrichs* § 426 Anm. 2 a m. w. N.; grundsätzlich auch *D. Reinicke* VersR 1967, 1.

156 Wenn allerdings ausnahmsweise einmal die für den privatrechtlichen Regreß geltenden Verjährungsfristen kürzer sind, dann gelten diese Fristen auch für den Zessionsregreß, siehe § 744 Abs. 1 Satz 3 BGB und den Soweit-Satz in § 426 Abs. 2 Satz 1 BGB. — Solche Ausnahme wird aber nur praktisch, wenn im privatrechtlichen Innenverhältnis eine Verjährungsverkürzung vereinbart ist (was gemäß § 225 BGB zulässig ist).

wenn diese länger sind[157], würde mit dem aus §§ 404, 406 BGB zu entnehmenden Rechtsprinzip[158] kollidieren, daß der Schuldner durch den Forderungsübergang nicht schlechter gestellt werden darf. Daß im Verhältnis zwischen den Privatpersonen durchweg die bürgerlich-rechtlichen Verjährungsvorschriften angewendet werden müßten, „weil der nunmehr private Gläubiger die Verjährung nicht nach steuerrechtlichen Vorschriften, sondern *nur* gemäß §§ 208 ff. BGB unterbrechen"[159] könne, ist nicht stichhaltig: denn einige der Unterbrechungshandlungen des § 231 Abs. 1 AO (z. B. schriftliche Geltendmachung des Anspruchs, Anmeldung im Konkurs) sind nicht nur zwischen Steuerbehörde und Privatperson, sondern auch zwischen zwei Privatpersonen denkbar[160].

---

[157] So aber *Tipke / Kruse* § 48 AO Rdnr. 1 i. V. m. § 97 RAO Rdnr. 14; *Becker / Riewald / Koch* § 122 RAO Anm. 7 (7); *Hübschmann / Hepp / Spitaler / Offerhaus* § 44 AO Rdnr. 39; *Kruse*, Steuerrecht I, § 14 II 2 a (S. 142); *Stolterfoht* JZ 1975, 658 (662 Fußn. 63).

[158] *BGHZ* 19, 153 (156); 31, 148 (149); *RGZ* 73, 138 (140 oben); 75, 208 (211 unten).

[159] *Tipke / Kruse* ebd.; ebenso *Stolterfoht* ebd.

[160] Für den Verjährungsbeginn ist § 229 Abs. 1 Satz 1 AO nur ohne Satz 2 anwendbar.

§ 3 Anzuwendende Verfahrensvorschriften

A. Anwendung der §§ 40 ff. FGO = §§ 54 ff. VwGO auf Streitigkeiten zwischen Privatpersonen

Weil Steuerforderungen nach ihrem Übergang vom Steuerfiskus auf Privatpersonen weiterhin als öffentlich-rechtlich zu qualifizieren und im Steuerprozeß zwischen Privatpersonen im Finanz- oder Verwaltungsrechtsweg auszufechten sind, bestimmt sich das Prozeßverfahren nach den §§ 40 ff. FGO bzw. §§ 54 ff. VwGO. Denn die Zuweisung von Streitigkeiten zu einem Rechtsweg bedeutet in aller Regel gleichzeitig ihre Unterstellung unter das dem Rechtsweg zugehörende „Hausverfahren“[161]. Allenfalls ausnahmsweise und nur aus gewichtigen Gründen können andere Verfahrensvorschriften als die dem Rechtsweg zugehörenden zur Anwendung kommen (so wird teilweise für die Auffangzuständigkeit der ordentlichen Gerichtsbarkeit nach Art. 19 Abs. 4 Satz 2 GG die Anwendung der §§ 54 ff. VwGO befürwortet[162]).

Auf den im Finanz- bzw. Verwaltungsrechtsweg auszufechtenden Zessionsregreß-Prozeß nicht die §§ 40 ff. FGO bzw. §§ 54 ff. VwGO, sondern die Verfahrensvorschriften der ZPO anzuwenden, könnte allen-

---

[161] Insbesondere *G. Baumgärtel*, Das Verfahren der ordentlichen Gerichte in öffentlich-rechtlichen Streitsachen, ZZP 73 (1960), 387 (394 - 396).

In diesem Sinne für die Anwendung der ZPO auf die dem ordentlichen Rechtsweg zugewiesenen öffentlich-rechtlichen Streitigkeiten: *Bettermann* ZZP 70 (1957), 161 (179) zu Art. 14 Abs. 3 Satz 4, 34 Satz 3 GG; *Baumgärtel* ebd. S. 393 ff.; *Habscheid*, Festschrift E. Bötticher 1969, S. 159 ff. (167). — Im selben Sinne schon *Friedrich Stein*, Grenzen und Beziehungen zwischen Justiz und Verwaltung, 1912, S. 27.

KG NJW 1957, 1406 (1407): „Die Verwaltungsgerichtsbarkeit wird, da der Rechtsstreit nun einmal vor einem ordentlichen Gericht anhängig ist, in den Formen der ZPO, nicht in den Formen des VGG (heute VwGO) betrieben.“ — Offengelassen in *BVerwGE* 6, 86 (94); 8, 226 (229).

[162] So sprechen sich *BGHZ* 5, 46 (50 f.) und *Bettermann* (in: Bettermann / Nipperdey / Scheuner, Die Grundrechte 3. Band 2. Halbband 1959, S. 779 ff., 809) und *Habscheid* (ebd. S. 159 ff.) im Falle des Art. 19 Abs. 4 Satz 2 GG für die Anwendung des Verfahrens aus, „das seiner Natur nach hierfür am besten geeignet ist und in dem auch ähnliche Aufgaben kraft gesetzlicher Bestimmung zu erledigen sind“ (Zitat aus *BGHZ* 5, 46, 51).

Fritz Baur (Festschrift für Karl Larenz, 1973, S. 1063 ff., 1078) meint, bei der Beurteilung öffentlich-rechtlicher Vorfragen im Rahmen eines Zivilprozesses habe das Gericht „sich ganz an die Stelle des im Vorprozeß berufenen Gerichts (oder der Verwaltungsbehörde) zu setzen. Hätte also in jenem Vorprozeß der Amtsermittlungsgrundsatz gegolten, so ist dieser Grundsatz auch für den Inzidentprozeß maßgebend.“

falls deshalb erwogen werden, weil es sich um Streitigkeiten zwischen Privatpersonen handelt: solche Streitigkeiten sind typischerweise dem ordentlichen Rechtsweg[163] zugewiesen und der Zivilprozeßordnung[164] unterworfen; ihre Unterwerfung unter die §§ 40 ff. FGO bzw. §§ 54 ff. VwGO bedeutet die Nichtanwendung einiger Rechtsinstitute, die dem Juristen für Streitigkeiten zwischen Privatpersonen als charakteristisch erscheinen:

So kann kein Versäumnis-Urteil[165] und kein Mahnbescheid[166] ergehen. Tatsachen werden nicht durch Zugeständnisse unstreitig oder unbestreitbar[167]. Beweiserhebungen erfordern keinen Beweisantritt[168], sondern können von Amts wegen geschehen. An die Stelle der Neben-

---

[163] bzw. den Arbeitsgerichten.

[164] bzw. den modifizierenden Vorschriften des Arbeitsgerichtsgesetzes (§ 46 Abs. 2 Satz 1: „... gelten die Vorschriften der Zivilprozeßordnung ... entsprechend, soweit das Gesetz nichts anderes bestimmt.").

[165] §§ 330 ff. ZPO sind im Verwaltungs-, Finanz- und Sozialgerichtsprozeß unanwendbar; arg. § 102 Abs. 2 VwGO = § 91 Abs. 2 FGO = § 110 Satz 2 SGG: *Bettermann* ZZP 88 (1975), 365 (425 bei Fußn. 144); *Baumbach / Lauterbach / Albers / Hartmann* Übersicht 4 m. w. N. vor § 330.

Die Unanwendbarkeit des § 331 ZPO (Versäumnisurteil gegen den *Beklagten*) ergibt sich *außerdem* aus dem Untersuchungsgrundsatz, denn die Zugeständnisfiktion des § 331 Abs. 1 ZPO ist mit der Amtsermittlungspflicht nicht vereinbar. Versäumnisurteile gegen den *Kläger* (§ 330 ZPO) werden demgegenüber nicht durch den Untersuchungsgrundsatz ausgeschlossen; insoweit läßt sich die Unanwendbarkeit *nur* aus § 102 Abs. 2 VwGO = 91 Abs. 2 FGO = § 110 Satz 2 SGG herleiten. — So zutreffend *C. H. Ule*, Verwaltungsprozeßrecht, 7. Aufl. 1978, § 43 II (S. 205).

[166] §§ 688 ff. ZPO gelten nicht im Verwaltungs-, Finanz- und Sozialgerichtsprozeß: *Baumbach / Lauterbach / Albers / Hartmann* Grundzüge 4 m. w. N. vor § 688 ZPO. — Ihre Nichtanwendung folgt aus der (abschließenden) Aufzählung des § 168 Abs. 1 VwGO = § 151 Abs. 2 FGO = § 199 Abs. 1 SGG: in öffentlich-rechtlichen Streitsachen besteht typischerweise kein Bedürfnis, einen Vollstreckungstitel im einfachen und billigen Mahnverfahren zu erlangen, denn die Verwaltung kann ihre Zahlungsansprüche gegen den Bürger in der Regel mit Verwaltungsakt selbst festsetzen, und unstreitige Zahlungsansprüche des Bürgers gegen Hoheitsträger werden in der Regel von der Verwaltung freiwillig erfüllt.

[167] Für § 138 Abs. 3 ZPO (vgl. ebenso § 439 Abs. 3 ZPO) und §§ 288 ff. ZPO ist im Verwaltungs-, Finanz- und Sozialgerichtsprozeß wegen des Untersuchungsgrundsatzes kein Raum: *Baumbach / Lauterbach / Albers / Hartmann* § 138 Anm. 6, § 439 Anm. 4, Einf. 4 m. w. N. vor § 288.

[168] § 282 Abs. 1 ZPO (infolge der §§ 142 Abs. 1, 143, 144 Abs. 1, 273 Abs. 2, 448 ZPO ist der Beweisantritt im wesentlichen nur noch für den Zeugenbeweis wichtig) ist im Verwaltungs-, Finanz- und Sozialgerichtsprozeß wegen des Untersuchungsgrundsatzes unanwendbar: *Baumbach / Lauterbach / Albers / Hartmann* Einf. 9 vor § 282.

Daß Beweiserhebungen im Verwaltungs-, Finanz- und Sozialgerichtsprozeß keinen Beweisantritt *erfordern*, bedeutet aber nicht, daß Beweisanträge rechtlich unerheblich wären: Wird ein Beweisantrag in der mündlichen Verhandlung gestellt, so kann er gemäß § 86 Abs. 2 VwGO „nur durch einen Gerichtsbeschluß, der zu begründen ist, abgelehnt werden" (eine entsprechende Vorschrift gibt es aber weder in der FGO noch im SGG).

intervention[169] und der Streitverkündung[169] tritt in der FGO und VwGO die Beiladung. Für das Rechtsinstitut des Urkunden- und Wechselprozesses[170] ist in der FGO und VwGO kein Raum.

Diese Rechtsinstitute sind in Streitigkeiten zwischen Privatpersonen jedoch nicht unverzichtbar: Gesetzliche Ausnahmen finden sich in §§ 612 Abs. 4, 616 Abs. 1 und Abs. 2, 617 a. E., 640 Abs. 1, 653 Abs. 1, 663 Abs. 2, 670 Abs. 1, 676 Abs. 3, 679 Abs. 4, 680 Abs. 3, 684 Abs. 4, 686 Abs. 4 ZPO. Aus diesen ZPO-Normen läßt sich allerdings nicht rechtfertigen, daß auch im Falle des Zessionsregreß-Prozesses auf die Anwendung jener Rechtsinstitute verzichtet werden kann. Denn im Falle dieser Normen, die Ehe-, Kindschafts- und Entmündigungssachen betreffen, liegt der Rechtsgrund für die Abweichung in der besonderen „öffentlichen Bedeutung“[171], die diesen Streitsachen innewohnt bzw. beigemessen wird; eine derartige „öffentliche Bedeutung“ ist aber im Falle des steuerlichen Zessionsregreß-Prozesses nicht ersichtlich.

Dagegen läßt sich aus § 12 FGG ein Argument gewinnen: Er normiert die Geltung des Untersuchungsgrundsatzes nicht nur für die „echten Streitsachen öffentlich-rechtlicher Art“, die zwischen Hoheitsträger und Privatperson ausgetragen werden (z. B. § 29 Abs. 2 EGGVG, §§ 40 Abs. 4, 42 Abs. 6 BRAO, § 111 Abs. 4 BNotO, § 3 FreihEntzG), und für die „nicht-streitigen Verfahren“, bei denen sich die Geltung des Untersuchungsgrundsatzes als logisch-zwingende Ergänzung zur Offizialmaxime[172] (so bei den „Amtssachen“, z. B. §§ 1666, 1774, 1886 BGB) oder jedenfalls mit der besonderen öffentlichen Bedeutung (so bei den „nicht-streitigen Antragssachen“, z. B. §§ 86, 99 FGG, 2353 BGB) recht-

---

[169] §§ 66 - 71 und 72 - 74 ZPO; im Verwaltungs-, Finanz- und Sozialgerichtsprozeß treten an ihre Stelle die Vorschriften der §§ 65, 66 VwGO = § 60 FGO = § 75 SGG über die Beiladung: *Bettermann* MDR 1967, 949 (unter I 2) und ZZP 90 (1977), 121 (129 unter V 1); *Baumbach / Lauterbach / Albers / Hartmann* Übersicht 4 vor § 64. Vgl. auch *BFHE* 113, 350 (351 unten) = BStBl. II 1975, 40 f. und E 117, 1 (3) = BStBl. II 1976, 41 (42 unter 1 b am Ende).

§§ 59 - 63 ZPO sind demgegenüber im Verwaltungs-, Finanz- und Sozialgerichtsprozeß anwendbar: § 64 VwGO = § 59 FGO = § 74 SGG.

Auch §§ 64, 65 ZPO gelten im Sozialgerichtsprozeß: § 74 SGG. Ob sie auch im Verwaltungs- und Finanzgerichtsprozeß anwendbar sind, ist streitig. Für alle drei Prozeßtypen streitig ist die Geltung der § 75 - 77 ZPO: Vgl. einerseits z. B. *Baumbach / Lauterbach / Albers / Hartmann* Übersicht 4 vor § 64 und *Eyermann / Fröhler* § 65 Rdnr. 8, andererseits z. B. *Schunck / de Clerck* §§ 65, 66 Anm. 1 b und *Tipke / Kruse* § 59 FGO Rdnr. 1. Differenzierend nach Klagetypen *Bettermann* MDR 1967, 949 (950 oben).

[170] Für §§ 592 ff. ZPO ist im Verwaltungs-, Finanz- und Sozialgerichtsprozeß kein Raum, weil dieser infolge des Untersuchungsgrundsatzes ein Urteil aufgrund unvollständiger Sachprüfung nicht kennt: *Baumbach / Lauterbach / Albers / Hartmann* Grundzüge 4 vor § 592.

[171] Ausdruck aus *Schunck / de Clerck* § 86 Anm. 1 a aa.

[172] *Jansen* § 12 FGG Rdnr. 1.

fertigen läßt. Der Untersuchungsgrundsatz gilt vielmehr auch für die „echten Streitsachen privatrechtlicher Art“ (z. B. §§ 43 ff. WEG), obgleich bei ihnen seine Geltung „nicht zwingend geboten ist; insoweit ist aber die in der Zuweisung des Verfahrens zur freiwilligen Gerichtsbarkeit liegende Entscheidung des Gesetzgebers für die Anwendung des Untersuchungsgrundsatzes zu beachten“[173].

Diese „echten Streitsachen privatrechtlicher Art“ in der freiwilligen Gerichtsbarkeit zeigen, daß die Anwendung des Untersuchungsgrundsatzes auf kontradiktorische Streitigkeiten zwischen Privatpersonen nicht kategorisch abgelehnt werden kann, auch wenn ihnen keine besondere „öffentliche Bedeutung“ zukommt. Die mit der Anwendung des Untersuchungsgrundsatzes verbundenen Besonderheiten (insbesondere: kein Versäumnisurteil; kein Zugeständnis mit der Folge des Unstreitig- oder Unbestreitbarwerdens; kein Beweisantritt nötig) sind also mit der Struktur einer Streitigkeit zwischen Privatpersonen (auch wenn ihr keine besondere „öffentliche Bedeutung“ zukommt) vereinbar.

Akzeptiert man es, daß der Untersuchungsgrundsatz (den man wohl als Hauptunterschied zwischen dem Verfahren nach der VwGO/FGO und demjenigen nach der ZPO bezeichnen kann) mit der Struktur einer Streitigkeit zwischen Privatpersonen vereinbar ist, so wird man schwerlich etwas gegen die Verallgemeinerung einwenden können, daß die Anwendung der *gesamten* VwGO/FGO (mitsamt ihren sonstigen Besonderheiten, z. B. Beiladung statt Nebenintervention und Streitverkündung) mit der Struktur einer Streitigkeit zwischen Privatpersonen vereinbar ist.

Diese Erkenntnisse ergeben, bezogen auf die Ausgangsfrage, ob für den Zessionsregreß-Prozeß die §§ 40 ff. FGO = §§ 54 ff. VwGO gelten können, daß diese Frage jedenfalls nicht kategorisch verneint werden kann. Vielmehr muß beachtet werden, daß der Zessionsgedanke die Anwendung des dem Rechtsweg zugehörenden „Hausverfahrens“ angezeigt erscheinen läßt: Wenn der Übergang den Inhalt der Forderung unverändert läßt und demzufolge auch ihre Rechtsnatur und der zu beschreitende Rechtsweg unverändert bleiben[174], muß konsequenterweise auch das im Prozeß anzuwendende Verfahrensrecht unverändert bleiben. Deshalb wird man im Falle der hier interessierenden Streitigkeiten zwischen Privatpersonen nicht von dem Grundsatz abweichen dürfen, daß die Zuweisung zu einem Rechtsweg in aller Regel auch die Unterstellung unter das ihm zugehörende Hausverfahren bedeutet, und also die Anwendung der §§ 40 ff. FGO bzw. §§ 54 ff. VwGO bejahen müssen.

---

173 Zitat aus *Jansen* ebd.

174 Siehe oben § 2 (S. 23 ff.).

Ergebnis: Auf nach Forderungsübergang entstehende Steuerprozesse zwischen Privatpersonen sind die Verfahrensvorschriften der FGO bzw. VwGO anzuwenden.

B. Keine Verpflichtungs- und Anfechtungsklage und kein Einspruchs- oder Widerspruchsverfahren zwischen Privatpersonen

Daraus, daß im Finanz- und Verwaltungsgerichtsprozeß zwischen Privatpersonen die §§ 40 ff. FGO bzw. §§ 54 ff. VwGO (und nicht die ZPO-Vorschriften) anzuwenden sind, folgt aber nicht, daß auch alle Klagetypen der FGO und VwGO bei Steuerprozessen zwischen Privatpersonen in Betracht kommen:

Eine Privatperson kann nicht Beklagte (§ 63 FGO bzw. § 78 FGO)[175] einer Anfechtungs- oder einer Verpflichtungsklage (§ 40 Abs. 1 FGO bzw. § 42 Abs. 1 VwGO) sein, denn sie kann keinen Verwaltungsakt erlassen oder aufheben, da der Forderungsübergang die diesbezügliche Hoheitsgewalt nicht mitübergehen läßt[176].

Ebenso wie die Anfechtungs- und die Verpflichtungsklage scheidet auch das für diese Klagetypen bestimmte Vorverfahren (Einspruchs-[177] bzw. Widerspruchsverfahren. § 44 Abs. 1 FGO i. V. m. §§ 347 ff. AO, §§ 68 ff. VwGO) als Rechtsbehelf zwischen Privatpersonen aus.

Für Finanz- und Verwaltungsgerichtsprozesse zwischen Privatpersonen kommen also nur die (sog. allgemeine) Leistungsklage und die Feststellungsklage in Betracht (vgl. schon S. 27/28).

---

[175] Vgl. schon § 2 A III 2 (S. 26).

[176] Vgl. S. 21 oben bei Fußn. 16.

[177] Die in § 349 AO geregelte Beschwerde kann für diese Arbeit außer Betracht bleiben.

§ 4 Der Forderungsübergang bewirkt keinen Übergang der verfahrensrechtlichen Position

Gegner des Einspruchs/Widerspruchs und der Anfechtungsklage kann keine Privatperson sein (siehe zuvor S. 61). Auch nach Übergang einer Steuerforderung vom Steuerfiskus auf eine Privatperson bleibt die Steuerbehörde der richtige Gegner für Einspruch/Widerspruch und Anfechtungsklage; die Befugnis zum Erlaß, zur Abänderung und/oder Aufhebung des Steuerbescheides verbleibt bei der Steuerbehörde, sie geht nicht mit der Forderung auf die Privatperson über[178].

Daß der Forderungsübergang den Steuerbescheid und seine Zuordnung zur Steuerbehörde unberührt läßt, erklärt sich außerdem aus dem unterschiedlichen systematischen Stellenwert von Forderungsübergang und Steuerfestsetzung: Bei der *Durchführung der Besteuerung* (Vierter Teil der AO, §§ 134 ff. AO, § 155 AO: Festsetzung der Steuer durch Steuerbescheid) interessiert *nur*, ob und in welcher Höhe der *Steueranspruch entstanden* ist (§ 38 AO). Sein weiteres Schicksal, ob er durch Zahlung, Aufrechnung, Erlaß oder Verjährung[179] erloschen[180] (§ 47 AO, §§ 221 - 232 AO) oder ob er gestundet worden ist (§ 222 AO), ebenso ob der Steueranspruch abgetreten oder sonstwie (z. B. durch Leistungen Dritter, § 48 AO) *übergegangen* ist, interessiert erst im *Erhebungs-* und *Vollstreckungsverfahren* (Fünfter und Sechster Teil der AO, §§ 218 ff., 249 ff. AO)[180].

---

178 Siehe S. 21 oben bei Fußn. 16.

179 Im Sinne von „*Zahlungsverjährung*" (§§ 228 - 232 AO) im Unterschied zur „Festsetzungsverjährung" (§§ 169 - 171 AO).

Zu diesem Unterschied sehr deutlich *BFHE* 82, 677 (678) = BStBl. III 1965, 491: „Ob einer Steuer*festsetzung* ... die Verjährung entgegensteht, muß im Festsetzungsverfahren ... geprüft werden. Solange die ... Bescheide bestehen, muß im *Erhebungsverfahren* von der Rechtmäßigkeit der Steuernachforderungen ausgegangen werden." Mit anderen Worten: Im *Erhebungs*verfahren darf die *Festsetzungs*verjährung nicht mehr geprüft werden.

Im *Erhebungs*verfahren ist aber die „Zahlungsverjährung" zu prüfen. Diese Art der Verjährung darf *nur* im Erhebungsverfahren geprüft werden. Bei Erlaß des Festsetzungsbescheides könnte sie auch gar nicht sinnvoll geprüft werden, denn „sie beginnt nicht vor Ablauf des Jahres, in dem die Festsetzung ... wirksam geworden ist" (§ 229 Abs. 1 Satz 2 AO). — Zum Verjährungsbeginn nach Forderungsübergang auf die Privatperson siehe Fußn. 160.

180 Vgl. *BFH* 29. 9. 1960 DStRundschau 1960, 433 rechts oben: „Im Rechtsmittelverfahren gegen einen Haftungsbescheid ist nicht zu prüfen, ob die Erstschuld ganz oder teilweise erloschen ist. Wegen derartiger Einwen-

Durch den Forderungsübergang tritt also eine *Spaltung von Steuerforderung und Steuerfestsetzung* ein: Der Steuerschuldner wird durch den Forderungsübergang materiell-rechtlich dem Rechtsnachfolger des Steuerfiskus (der Privatperson) verpflichtet, die Befugnis zur Steuerfestsetzung bleibt hingegen der Steuerbehörde zugeordnet[181]. Die materiell-rechtliche Position geht auf die Privatperson über, die verfahrensrechtliche Position (im Steuerfestsetzungsverfahren, Einspruchs-/Widerspruchsverfahren, Anfechtungsprozeß) hingegen verbleibt bei der Steuerbehörde.

Diesem Grundsatz der Spaltung von materiell-rechtlicher und verfahrensrechtlicher Position erkennt der Bundesfinanzhof in ständiger Rechtsprechung[182] für den Fall an, daß eine Privatperson ihren Steuererstattungsanspruch an eine andere Privatperson abtritt:

---

dungen hat der Haftungsschuldner einen Abrechnungsbescheid gemäß § 125 RAO (= § 218 Abs. 2 AO) zu beantragen."

Besonders klar auch *Hübschmann / Hepp / Spitaler / v. Wallis* § 155 Rdnr. 5: „Niemals ist etwa bei der Vornahme des Aktes der Steuerfestsetzung das auf die betreffende Steuer bereits Entrichtete von vornherein abzuziehen und etwa nur der Rest festzusetzen. Die Vorauszahlungen oder Überzahlungen sind nur bei der Steuererhebung zu berücksichtigen. Der Einwand der Zahlung kann also nicht die Festsetzung der Steuerschuld, sondern nur die Erhebung (Einziehung) des Steuerbetrags hindern."

Zum unterschiedlichen Gegenstand von Festsetzungs- und Erhebungsverfahren vgl. auch *RFH* RStBl. 1938, 186; 1933, 962 (963 oben); auch *RFHE* 21, 9 (16 unten); 16, 150 (153); 12, 182 (183); 9, 55; *Bley* ZZP 51 (1926), 233 (254 unten Fußn. 34 m. w. N.).

Abzulehnen ist demgegenüber die Entscheidung *BFHE* 116, 319 (320) = BStBl. II 1975, 895 (896), nach der gegen einen Gesamtschuldner ein Steuerbescheid nicht mehr ergehen dürfe, wenn durch die Zahlung des anderen Gesamtschuldners die Steuerschuld erloschen sei: „Das Finanzamt durfte den angefochtenen Bescheid nicht ... erlassen, da er nicht der Besteuerung i. S. des zweiten Teils der Reichsabgabenordnung diente. ... Die Zahlung durch einen Gesamtschuldner oder durch einen Dritten für ihn, kommt dem anderen Gesamtschuldner zustatten. Deshalb war auch der Klägerin gegenüber die ... Steuerschuld nach ihrer Bezahlung erloschen. Für den Erlaß eines Steuerbescheides gegen sie war kein Raum mehr." — Das Absehen von der Festsetzung kann allenfalls im Wege einer Analogie zu § 156 Abs. 2 AO gerechtfertigt werden, wonach „die Festsetzung von Steuern ... unterbleiben kann, wenn feststeht, daß die Einziehung keinen Erfolg haben wird"; — aber nur „unterbleiben *kann*" (nicht: muß), so daß die zuvorgenannte Entscheidung schwerlich mithilfe von § 156 Abs. 2 AO „gerettet" werden kann, da für eine Ermessensreduzierung auf Null keine Anhaltspunkte vorliegen.

[181] Dadurch ist unter Umständen eine doppelspurige Verteidigung des Hauptschuldners nötig: Er muß sich gegen den Rechtsnachfolger wehren, falls dieser die übergegangene Forderung geltend macht; gleichzeitig muß er den Anfechtungsstreit gegen die Steuerbehörde fortführen, dessen abschließende Entscheidung auch Bindungswirkung im Verhältnis Bürge-Hauptschuldner erzeugen kann (nämlich dann, wenn der Bürge im Anfechtungsstreit beigeladen wird, s. S. 96 u. S. 99 am Ende). — Daß der Hauptschuldner sich unter Umständen doppelspurig verteidigen muß, stellt aber keine unzulässige (S. 56 bei Fußn. 158) Verschlechterung seiner Position dar; denn seine Position bleibt inhaltlich wie vorher, es findet nur eine Aufteilung der Verteidigungsgesichtspunkte auf zwei Gegner statt.

„Die nach § 159 RAO (= § 46 AO) an sich zulässige Abtretung eines Erstattungsanspruchs hat nicht zur Folge, daß hierdurch die gesamte Rechtsstellung des Steuerpflichtigen aus dem ... zugrundeliegenden Steuerschuldverhältnis ... übergeht und dieser zur Anfechtung der gegen den Steuerpflichtigen ergangenen Verfügungen berechtigt ist. Mit der wirksamen Abtretung eines Anspruchs auf Erstattung überzahlter Steuern tritt der Abtretungsempfänger nur insoweit an die Stelle des bisherigen Gläubigers, als dessen Rechtsposition übertragbar ist. Übertragbar ist *nur* der reine *Zahlungsanspruch,* mithin die Rechtsstellung, die der Gläubiger eines Erstattungsanspruchs im *Erhebungsverfahren* hat. *Dagegen* kann die Rechtsposition, die ein ... Steuerschuldner oder Steuerpflichtiger im *Steuerfestsetzungsverfahren* hat, ... *nicht* auf den Abtretungsempfänger übergehen[183]."

Auch jene[184] aber, die beim Übergang eines Steuererstattungsanspruchs entgegen dem Bundesfinanzhof die verfahrensrechtliche Position des Steuerpflichtigen (= Erstattungsberechtigten) im Steuerfestsetzungsverfahren mitübergehen lassen möchten, müssen im Falle des Überganges einer Steuerforderung vom Fiskus auf eine Privatperson doch die Unübertragbarkeit der verfahrensrechtlichen Position anerkennen: Denn die verfahrensrechtliche Position des Steuerberechtigten im Steuerfestsetzungsverfahren setzt die Kompetenz zu Erlaß und Aufhebung von Verwaltungsakten voraus, die Privatpersonen (außerhalb von — hier nicht gegebenen — Beleihungstatbeständen) nicht erlangen können[178, 185].

In der in dieser Arbeit erörterten Fallkonstellation des Überganges einer Steuerforderung vom Steuerfiskus auf eine Privatperson ist es also unumgänglich, den Verbleib der verfahrensrechtlichen Position bei dem Steuerfiskus als Verwaltungsbehörde anzuerkennen: *Der Forderungsübergang bewirkt die Spaltung von verfahrensrechtlicher und materiell-rechtlicher Position.*

---

182 Besonders deutlich *BFHE* 115, 413 (416) = BStBl. II 1975, 669 (671 oben). Später ebenso E 125, 138 (141) = BStBl. II 1978, 464 (466 unter b). Früher ebenso E 72, 465 (468 am Ende) = BStBl. III 1961, 170 (171 am Ende).

183 Zitat aus *BFHE* 115, 413 (416) = BStBl. II 1975, 669 (671 oben). Ebenso die in der vorstehenden Fußnote zitierten Entscheidungen sowie *RFHE* 8, 157 (160); *Becker / Riewald / Koch* § 159 RAO Anm. 5.

BFHE 110, 26 = BStBl. II 1973, 784 meint allerdings, im Falle der Pfändung und Überweisung eines Lohnsteuererstattungsanspruchs werde der Pfandgläubiger ermächtigt, den Antrag auf Durchführung des Lohnsteuerjahresausgleichs zu stellen. Ob diese Entscheidung richtig ist, kann dahinstehen, da diese Fallkonstellation in dieser Arbeit nicht interessiert.

184 z. B. *Hübschmann / Hepp / Spitaler / Offerhaus* § 46 AO Rdnr. 28 + 29; *Tipke / Kruse* § 46 AO Rdnr. 10/11 mit Nachweisen zum Streitstand. — Zur Abtretung von Lastenausgleichsansprüchen vgl. *BVerwGE* 23, 242 (243/244); 11, 296 (298, 299).

185 Damit fehlt von vornherein auch die Grundlage für Konstruktionen wie parteiwechselnde Klagänderung (zu solcher Konstruktion vgl. *BFHE* 100, 353, 356 = BStBl. II 1971, 26, 27).

§ 5 Beiladung zum Steuerfestsetzungsstreit

A. Die Beiladungsregelungen

I. §§ 65/66 VwGO, 60 FGO, 360 AO

Die Frage der Beiladung ist für das gerichtliche Verfahren in §§ 65/66 VwGO und in § 60 FGO geregelt. Eine mit § 60 FGO weitgehend wortlautgleiche Beiladungs-(„Hinzuziehungs"-)Regelung enthält § 360 AO für das Einspruchsverfahren.

Für die von den Gemeinden verwalteten Realsteuern gilt § 360 AO jedoch nicht, wie sich aus § 1 Abs. 2 AO ergibt: Hier besteht deshalb für das Vorverfahren keine Beiladungs- oder Hinzuziehungsregelung. Sie ergibt sich auch nicht aus § 65 VwGO; denn diese Vorschrift gilt gemäß ihrem Wortlaut nur für „das Gericht" und nach herrschender Meinung[186] nicht für das verwaltungsbehördliche Vorverfahren nach §§ 68 ff. VwGO; die Frage einer Analogie zu §§ 65 VwGO, 13 Abs. 2 VwVfG[187] kann im Rahmen dieser Arbeit nicht erörtert werden.

Eine Beiladung (oder „Hinzuziehung") schon im Ausgangsverfahren scheidet ebenfalls aus: § 13 Abs. 2 VwVfG, der solches regelt, kann auf keine der von § 1 AO erfaßten Steuern[188] angewendet werden, auf die durch Bundes- oder Landesfinanzbehörden verwalteten Steuern nicht wegen § 2 Abs. 2 Nr. 1 VwVfG, auf die von den Gemeinden verwalteten Realsteuern nicht, weil der gemäß § 1 Abs. 2 Nr. 3 AO anwendbare Dritte Teil der AO eine abschließende Sonderregelung im Sinne des § 1 Abs. 1 Nr. 2 (am Ende) VwVfG darstellt[189].

Ergebnis: Eine Beiladungsregelung gibt es für den Steuerprozeß und das Einspruchsverfahren der Abgabenordnung. Für die von den Gemeinden verwalteten Realsteuern ist jedoch zu beachten, daß mangels Anwendbarkeit des Sechsten Teiles der AO eine Beiladungsregelung für das Vorverfahren fehlt.

Im folgenden wird einheitlich für „beiladen" (§§ 65, 66 VwGO, 60 FGO) und „hinzuziehen" (§ 360 AO) nur der Begriff „beiladen" verwendet.

---

186 *Schunck / de Clerck* §§ 65, 66 Anm. 1 c; *Redeker / von Oertzen* § 65 Rdnr. 14, § 71 Rdnr. 15.

187 Solche Analogie wird nahegelegt durch die systematische Stellung der §§ 65, 66 VwGO im Abschnitt „Allgemeine Verfahrensvorschriften". Sie wird befürwortet von z. B. *Bettermann* MDR 1967, 952 („§ 65 Abs. 2 VwGO, der auch für das Verwaltungsverfahren gilt"); *Kopp* § 65 Rdnr. 3 m. w. N.

188 Nur solche Steuern sind Gegenstand dieser Arbeit, siehe S. 17 unter IV.

189 Diese Schlußfolgerung findet sich überraschenderweise in keinem der Kommentare zum Verwaltungsverfahrensgesetz.

II. Beiladung ist von der Einspruchs- bzw. Klageerhebung bis zum unanfechtbaren Verfahrensabschluß möglich

Eine Beiladung kann nach §§ 65, 66 VwGO, 60 FGO im gesamten Zeitraum von der Klageerhebung bis zum unanfechtbaren Abschluß des Prozesses erfolgen, auch in dem Zeitraum nach Erlaß eines Urteils bis zum Eintritt seiner Rechtskraft bzw. der Einlegung von Berufung oder Revision[190]. Erfolgte Beiladungen bleiben, sofern sie nicht aufgehoben werden, in den späteren Instanzen bestehen (auch in der Revisionsinstanz, § 122 Abs. 1 FGO[191]).

Im Revisionsverfahren ist eine neue Beiladung allerdings unzulässig, § 142 VwGO = § 123 FGO. Eine neue Beiladung wird erst wieder zulässig nach Zurückverweisung[192] der Sache durch das Revisionsgericht an die Vorinstanz[193] (§ 144 Abs. 3 Nr. 2 VwGO = § 123 Abs. 3 Nr. 2 FGO).

Soweit ein Einspruchsverfahren gemäß dem Siebenten Teil der AO stattfindet, kann eine Beiladung (§ 360 AO) schon ab Einspruchserhebung

---

190 *Tipke / Kruse* § 60 FGO Rdnr. 2; *Schunck / de Clerck* §§ 65, 66 Anm. 1 d; *Redeker / von Oertzen* § 65 Rdnr. 14 + 16; *Bettermann* DVBl. 1951, 39/72 (72 unter 3 b am Ende).

Zur Frage, ob die Vorinstanz oder die Rechtsmittelinstanz für die Beiladung zuständig ist, wenn der Dritte gleichzeitig mit seinem Beiladungsantrag das Rechtsmittel einlegt: *Redeker / von Oertzen* § 65 Rdnr. 15; *Eyermann / Fröhler* § 65 Rdnr. 48; *Bettermann* ebd. unter III 3 c.

191 Ebenso für die VwGO anerkannt (obgleich hier eine ausdrückliche Vorschrift fehlt): *Redeker / von Oertzen* § 142 Rdnr. 3; *Schunck / de Clerck* § 142 Anm. 3.

192 Das Unterlassen der einfachen Beiladung begründet aber keinen Verfahrensfehler, der zur Zurückweisung berechtigen könnte. — Allgemeine Meinung: vgl. z. B. *BVerwGE* 31, 109 (111 am Ende); 39, 135 (137); *BVerwG* NJW 1975, 70 (71) (insoweit in BVerwGE 45, 309 nicht abgedruckt); *BVerwGE* 55, 8 (12); *Eyermann / Fröhler* § 65 Rdnr. 23 m. w. N. — Geringfügig abweichend *Redeker / von Oertzen* § 65 Rdnr. 21: „Eine grob ermessensfehlerhafte Ablehnung des Beiladungsantrages eines Hauptbeteiligten wird im Ausnahmefall auch ein Verfahrensfehler im Sinne des § 132 Abs. 2 Nr. 3 VwGO sein können."

Anders im Falle des Unterlassens *notwendiger* Beiladung, das von Amts wegen zu beachten ist und in der Revisionsinstanz, in der die Beiladung nicht nachgeholt werden kann (§ 123 FGO = § 142 VwGO), zur Zurückverweisung der Sache führt: *BFHE* 85, 327 (336) = BStBl. III 1966, 327 (330); E 85, 464 (466 f.) = BStBl. III 1966, 423 (424); *BVerwGE* 16, 23 (25); 18, 124 (128); 51, 268 (269) — ständige Rechtsprechung; *Tipke / Kruse* § 60 FGO Rdnr. 7; *Schunck / de Clerck* § 142 Anm. 3; *Redeker / von Oertzen* § 143 Rdnr. 1 m. w. N. — Anderer Ansicht *J. Martens* VwArch 60 (1969), 197/356 (258 unten).

193 Gemäß § 144 Abs. 5 VwGO hat das BVerwG im Falle der Sprungrevision die Wahl, ob es an das Verwaltungsgericht oder an das Oberverwaltungsgericht zurückverweist. — Außerhalb des § 144 Abs. 5 VwGO ist eine Zurückverweisung an das Verwaltungsgericht auch dann möglich, wenn das Oberverwaltungsgericht seinerseits nach § 130 VwGO zurückverweisen kann: *Bettermann* NJW 1969, 170 ff. = Anmerkung zu *BVerwG* NJW 1962, 650 f. und zu *BVerwGE* 28, 317.

erfolgen[194]. Sie bleibt aber nicht über die Klagerhebung hinaus bestehen, die Beiladung muß vom Gericht neu beschlossen werden[195].

In welchen Fällen eine Beiladung notwendig (§§ 65 Abs. 2 VwGO, 60 Abs. 3 FGO, 360 Abs. 3 AO) oder wenigstens möglich (§§ 65 Abs. 1 VwGO, 60 Abs. 1 Satz 1 FGO, 360 Abs. 1 Satz 1 AO) ist, sei am Beispiel der Bürgschaft für eine Steuerforderung erörtert (wie überhaupt die folgenden Ausführungen sich auf diesen Fall beschränken):

B. Beiladung des Bürgen

Erhebt der Steuerschuldner gegen den Steuerbescheid Einspruch (§ 348 AO) oder Anfechtungsklage (§§ 40 FGO, 42 VwGO), so stellt sich die Frage, ob derjenige, der sich für die Steuerschuld verbürgt hat, beizuladen ist.

I. Notwendige Beiladung?

1. Der Tatbestand und seine Auslegung

Ein Fall notwendiger Beiladung liegt gemäß § 360 Abs. 3 Satz 1 AO, § 60 Abs. 3 Satz 1 FGO, § 65 Abs. 2 VwGO dann vor, wenn der Dritte „an dem streitigen Rechtsverhältnis derart *beteiligt* ist, daß die *Entscheidung* auch ihm gegenüber *nur einheitlich* ergehen kann". Die Notwendigkeit einheitlicher Entscheidung ergibt nicht schon durch jede Beteiligung des Dritten am streitigen Rechtsverhältnis, wie bereits aus dem Wort „derart" in den genannten Vorschriften folgt. Eine hinreichende „Beteiligung am streitigen Rechtsverhältnis" liegt erst dann vor, wenn die Entscheidung „unmittelbar und zwangsläufig in die Rechte des Dritten eingreift"[196].

a) Der bekannteste Fall notwendiger Beiladung liegt vor, wenn ein Verwaltungsakt angefochten wird, dessen Aufhebung gleichzeitig einen Dritten belasten[197] würde (so in den Fällen der *Verwaltungsakte mit Doppelwirkung*), z. B.:

— wenn die Baugenehmigung durch den Nachbarn angefochten wird, muß der Bauherr beigeladen werden[198];

[194] § 360 AO gilt für den gesamten Zeitraum ab Einspruchserhebung bis Klagerhebung bzw. Klagfristablauf: vgl. z. B. *Klein / Orlopp* § 360 AO Anm. 1 am Ende.

[195] Das ist unbestritten und dürfte schon aus der unterschiedlichen Bezeichnung (§ 360 AO: Hinzuziehung; § 60 FGO: Beiladung) folgen.

[196] *BVerwGE* 55, 8 (12 oben); *BVerwG* NJW 1977, 1603; *BVerwGE* 51, 268 (275); *Schunck / de Clerck* §§ 65, 66 Anm. 2 g aa (S. 394).

[197] Zum Begriff der Belastung eines Dritten beachte *Bettermann* in: Der Staat als Aufgabe, Gedenkschrift für Max Imboden, 1972, S. 37 ff. (S. 52 - 55).

[198] Unstreitig: vgl. z. B. *von Heyl* DÖV 1975, 99 (unter 1 am Ende).

— wenn die Zuweisungsverfügung nach dem Reichs- bzw. Bundesleistungsgesetz durch den in Anspruch Genommenen angefochten wird, muß der Begünstigte beigeladen werden[199];

— wenn die Wohnungszuweisung oder die Festsetzung eines Zwangsmietverhältnisses[200] oder die Mietpreisherabsetzung[201] angefochten wird, muß der Zugewiesene/Mieter beigeladen werden;

— wenn die Zustimmung der Behörde zur Kündigung eines Schwerbehinderten von diesem angefochten wird, muß der Arbeitgeber beigeladen werden[202];

— wenn der Steueraufteilungsbescheid (§§ 268 - 280 AO) angefochten wird, müssen die Mitgesamtschuldner beigeladen werden[203].

Im Sinne solcher Fallgestaltungen wird üblicherweise formuliert, eine Beiladung sei „notwendig, wenn die Entscheidung nicht getroffen werden kann, ohne gleichzeitig unmittelbar Rechte oder Rechtsbeziehungen des Dritten zu gestalten, zu bestätigen, zu verändern oder zum Erlöschen zu bringen“[204].

In diesen Fallgestaltungen ist der *Wortlaut* des Tatbestandes der notwendigen Beiladung zweifellos erfüllt. Es gibt aber noch weitere Fälle, in denen eine Beiladung Dritter notwendig ist:

b) Dritte, auf die sich die Rechtskraft, die Vollstreckbarkeit oder die Gestaltungswirkung der Entscheidung zu ihrem Nachteil erstrecken kann, müssen zum Verfahren beigeladen werden[205].

Nicht in allen Fällen einer Wirkungserstreckung greift schon der *Wortlaut* des Tatbestandes der notwendigen Beiladung ein (wie auf S. 72/73 am Beispiel des Bürgen gezeigt wird). Die Beiladungspflicht ergibt sich aber im Falle *nachteiliger Wirkungserstreckung* jedenfalls aus der Funktion der Beiladung als Instrument zur Verschaffung rechtlichen Gehörs[206]: Der Grundsatz der Gewährung *rechtlichen Gehörs*

---

199 *HessVGH* MDR 1950, 374.

200 *OVG Münster* OVGE 4, 42. — Entsprechend umgekehrt: der Eigentümer einer Wohnung muß beigeladen werden, wenn ein Wohnungssuchender auf Zuteilung dieser Wohnung klagt: *BVerwGE* 2, 189.

201 *HessVGH* DV 1949, 73 = VwRspr. 1 (1949), 369 Nr. 112; *BayVGH* DVBl. 1951, 54. — Entsprechend umgekehrt: Bei Klagen des Mieters auf anderweitige Mietfestsetzung muß der Vermieter beigeladen werden: *Hess VGH* VwRspr. 2 (1950), 373 Nr. 86. — Hingegen ist bei Klage des Vermieters auf bloße Genehmigung (nicht Festsetzung) einer höheren Miete die Beiladung der Mieter nicht notwendig: BVerwGE 39, 135 (137).

202 *HessVGH* MDR 1966, 266.

203 *BFHE* 91, 147 = BStBl. II 1968, 212.

204 *Redeker / von Oertzen* § 65 Rdnr. 8 m. w. N.; ebenso *Tipke / Kruse* § 60 FGO Rdnr. 4.

205 Sinngemäß zitiert aus *Bettermann* ZZP 90 (1977), 121 (130 unter 2 am Ende). Ebenso *derselbe* in JZ 1962, 675 (677 vor III) und DVBl. 1951, 39/72 (74 unter 3 bei Fußn. 36); *H. J. Müller* NJW 1976, 460 (461 oben); *OVG Münster* VwRspr. 7 (1955), 637 Nr. 134 (S. 638).

206 *Bettermann* ZZP 90 (1977), 121 (124). Vgl. auch derselbe in JZ 1962, 675 (677); *H. J. Müller* NJW 1976, 460 (Fußn. 5); *Stettner* S. 89 - 91 u. 97 - 100.

(Art. 103 Abs. 1 GG) fordert nicht nur die Anhörung derer, die bereits vor Gericht stehen (audiatur et altera pars = Partei); sondern darüber hinaus muß (im Sinne von: ne inauditus condemnetur) auch derjenige, in dessen Rechte die vom Kläger oder Antragsteller begehrte Gerichtsentscheidung unmittelbar eingreift, regelmäßig[207] gerichtlich gehört, d. h. — in den Beteiligungsformen der VwGO und FGO gesprochen — hinzugezogen bzw. beigeladen werden[208].

Dieses Ergebnis kann heute als anerkannt bezeichnet werden[209]. Deshalb kann (und weil sonst der Rahmen dieser Arbeit gesprengt würde: muß) hier eine nähere Analyse unterbleiben.

Unterbleiben muß auch, das Verhältnis der beiden Varianten notwendiger Beiladung (Wortlaut und Wirkungserstreckung) näher zu beschreiben und an Beispielen zu erläutern — oder gar Vergleiche zu zivilprozessualen Beteiligungsformen zu ziehen[210].

Mit den obigen Ausführungen muß es hier sein Bewenden haben.

2. *Anwendung auf den Bürgen*

Die im Prozeß zwischen Gläubiger und Hauptschuldner ergehende Entscheidung über die verbürgte Forderung wirkt sich nur zugunsten des Bürgen, nicht auch zu seinen Lasten aus. Deshalb liegt kein Fall notwendiger Beiladung kraft Wirkungserstreckung vor (Seite 68 unten): a). — Aber auch seinem Wortlaut nach (was hier aus Zweckmäßigkeitsgründen erst hernach untersucht wird) greift der Tatbestand der notwendigen Beiladung nicht ein: b).

a) Wirkungserstreckung nur zugunsten, nicht auch zu Lasten des Bürgen

aa) Wenn die im Verhältnis Gläubiger-Hauptschuldner ergehende Entscheidung zugunsten des Hauptschuldners ausfällt, wirkt sie sich auf die Rechtsstellung des Bürgen aus, dessen Einstandspflicht durch

---

[207] „Sonderfälle, in denen eine Überraschungswirkung erforderlich und gerechtfertigt sein mag" (vgl. *BVerfGE* 19, 49, 51), seien außer Betracht gelassen, — ebenso die Rechtskrafterstreckungsfälle der §§ 325 ff. ZPO (in denen die Beteiligung des Dritten nicht notwendig ist; im Falle des § 265 Abs. 2 ZPO sind sogar bestimmte Beteiligungsarten ohne Zustimmung des Gegners gänzlich ausgeschlossen).

[208] Sinngemäße Wiedergabe von *Bettermann* JZ 1962, 675 (676/677).

[209] Außer *Bettermann* ebd. sowie den in Fußn. 206 Zitierten vgl. insbes. *BVerfGE* 21, 132 (137 ff.) und *P. Schlosser* S. 172 ff. m. w. N. sowie *Calavros* S. 17 - 45 (insbes. 34 - 36) m. w. N.

[210] Der Tatbestand der notwendigen Beiladung hat Parallelen sowohl zum zivilprozessualen Tatbestand der unechten notwendigen Streitgenossenschaft (nämlich kraft des nachgebildeten Wortlauts, vgl. § 62 Abs. 1, 1. Altern. ZPO) als auch zur streitgenössischen Nebenintervention (nämlich kraft der Rechtskrafterstreckungs-Variante, vgl. § 69 ZPO).

den jeweiligen Bestand der Hauptverbindlichkeit bestimmt wird (§ 767 Abs. 1 Satz 1 BGB) und der alle dem Hauptschuldner zustehenden Einreden geltend machen kann (§ 768 Abs. 1 Satz 1 BGB).

Wirkungserstreckung
nur zu Gunsten des
Bürgen

Da die Akzessorietätsregelung der §§ 767 Abs. 1 Satz 1, 768 Abs. 1 Satz 1 BGB beinhaltet, daß der Bürge nicht schlechter stehen darf als der Hauptschuldner, gilt sie nach allgemeiner Meinung nicht nur für materiellrechtliche Einreden, sondern auch für alle „prozessualen Einreden" des Hauptschuldners: Der Bürge kann sich dem Gläubiger gegenüber auf alle dem Hauptschuldner günstigen Prozeßergebnisse berufen, sowohl auf alle für den Hauptschuldner günstigen Urteile[211] wie auch auf alle für den Hauptschuldner günstigen behördlichen Entscheidungen.

Wird also der gegen den Hauptschuldner ergangene Steuerbescheid ganz oder teilweise aufgehoben (§ 100 Abs. 1 FGO = § 113 Abs. 1 VwGO) oder die Steuerschuld im Betrage herabgesetzt (vgl. § 100 Abs. 2 FGO = § 113 Abs. 2 VwGO), so wirkt dies nicht nur zugunsten des Steuerschuldners, für den nun die Grundlage für die Steuererhebung ganz oder teilweise entfallen ist (§ 218 Abs. 1 AO), sondern ebenso zugunsten des Bürgen.

Diese Wirkung besteht unabhängig davon, ob der Bürge die Steuerschuld noch nicht oder schon bezahlt hat (z. B. deshalb schon bezahlt hat, weil die Vollziehung des Steuerbescheides nicht gemäß §§ 361 Abs. 2 AO, 69 Abs. 2 bzw. Abs. 3 FGO ausgesetzt wurde und der Bürge einer gegen ihn gerichteten Klage des Steuerfiskus vorbeugen will, oder weil zwar ausgesetzt wurde, der Bürge aber die Erfolglosigkeit der Anfechtung des Steuerbescheides durch den Hauptschuldner befürchtet und die Zinsfolgen der §§ 237, 238 AO[211a] vermeiden will, die gemäß § 767 Abs. 1 Satz 2 BGB auch ihn treffen). In beiden Fällen wirkt die Entscheidung, sofern sie zugunsten des Hauptschuldners ergeht, auch zugunsten des Bürgen: im ersteren Fall in der Weise,

---

[211] Unstreitig: *RGZ* 56, 109; 66, 334; *BGH* WPM 1965, 579 (580 am Ende); NJW 1970, 279; *Stein / Jonas / Leipold / Schumann* § 325 Anm. VI unter 3 c (S. 1391 unten bei Fußn. 126); *Palandt / Thomas* § 767 Anm. 2 e; *Bettermann*, Vollstreckung und Rechtskraft, S. 139; *Schwab* ZZP 77 (1964), 124 (148 unten); *Rosenberg / Schwab* § 157 II 1 (S. 883); *U. Huber* JuS 1972, 621 (unter I 2 b bei Fußn. 2; vgl. auch S. 624 unter 5 am Ende).

[211a] Zum Tatbestand der Säumniszuschläge (§ 240 AO) meint allerdings *BFHE* 126, 9 (12) = BStBl. II 1979, 58 (60), daß deren Erhebung für die Aussetzungszeit in der Regel unbillig sei; Billigkeitserlaß und Erstattung seien geboten (Ermessensreduzierung auf Null).

daß der Bürge seine Zahlung an den Steuerfiskus (je nach Entscheidungsinhalt: ganz oder teilweise) mit Erfolg verweigern kann; im anderen Fall in der Weise, daß der bereits erfolgten Zahlung nun der Rechtsgrund mit Wirkung auch für den Bürgen entzogen und somit der Erfolg[212] seiner Rückzahlungsklage (§ 812 BGB) gegen den Steuerfiskus gesichert ist.

Sowohl für die Zahlungsklage des Steuerfiskus als auch für das Erstattungsverlangen des Bürgen ist der ordentliche Rechtsweg gegeben, § 192 AO[213].

bb) Die Akzessorietät der Einstandspflicht des Bürgen ist aber nur „einseitig“: Nur die für den Hauptschuldner günstige Entscheidung (Urteil oder Einspruchsentscheidung) wirkt zugunsten des Bürgen; die umgekehrte, für den Hauptschuldner ungünstige (und den Gläubiger günstige) Entscheidung wirkt dagegen nicht im Verhältnis Gläubiger—Bürge:

Dem Hauptschuldner ungünstige Entscheidungen unterliegen nämlich den Bestimmungen der §§ 767 Abs. 1 Satz 3, 768 Abs. 2 BGB[214]: § 767 Abs. 1 Satz 3 BGB — und ebenso § 768 Abs. 2 BGB, der nur eine Ausprägung des § 767 Abs. 1 Satz 3 BGB ist[215] — erfaßt nicht nur „Rechtsgeschäfte“ des Hauptschuldners, sondern gemäß seinem Zweck, den Bürgen vor Erweiterung seiner Haftung zu schützen, „auch ‚Rechtshandlungen‘ und ‚Rechtsakte‘, und nicht nur Handlungen im Bereich des materiellen Rechts, sondern auch prozessuale Akte und Handlungen“[216]. Demgemäß wird dem in § 768 Abs. 2 BGB genannten Einredeverzicht der prozessuale Verlust eines Rechts gleichgestellt[217]: Ebensowenig wie der Hauptschuldner mit Wirkung gegen den Bürgen auf eine Einrede verzichten kann, ebensowenig entfaltet eine zugunsten des Gläubigers und zu Lasten des Hauptschuldners ergehende Entscheidung eine Wirkung im Verhältnis Gläubiger-Bürge[218].

---

[212] Anders nur, wenn der Bürge „gewußt hat, daß er zur Leistung nicht verpflichtet war“ (§ 814 BGB).

[213] Der ordentliche Rechtsweg gilt auch für die Rückzahlungsklage: *BFHE* 112, 220 (223 f.) = BStBl. II 1974, 557 (558); E 62, 122 (123) = BStBl. III 1956, 46 (unter I); *Tipke / Kruse* § 48 AO Rdnr. 3 (S. 33) und § 192 AO Rdnr. 4.

[214] Die Befugnis, einen Verwaltungsakt (durch Einspruch/Widerspruch und Anfechtungsklage) anzufechten, ist der Regel der §§ 767, 768 BGB nicht kraft der Sondernorm des § 770 BGB entzogen, wonach der Verlust eines Anfechtungsrechtes auch gegen den Bürgen wirkt. Denn unter Anfechtungsrecht im Sinne des § 770 BGB sind nur die in §§ 119 ff. BGB geregelten Anfechtungsrechte — sowie per Analogie Gestaltungsrechte wie Wandlungs- und Rücktrittsrecht — zu verstehen, mit denen eigene Willenserklärungen (§ 770 BGB: „Rechtsgeschäft“) widerrufen werden, nicht aber Anfechtungsrechte, mit denen fremde Akte angegriffen werden.

Heute unstreitig: vgl. z. B. *Bettermann* DVBl. 1953, 163/202 (168 unter VII 1); vgl. auch *Bettermann*, Vollstreckung und Rechtskraft, S. 143 vor II.

Unzutreffend *Karl Kormann* (System der rechtsgeschäftlichen Staatsakte, Berlin 1910, Neudruck Aalen 1962, insbes. S. 209), der die verwaltungsverfahrensrechtliche Anfechtungsklage als wesensgleich mit einer rechtsgeschäftlichen Anfechtung im Sinne der §§ 119 ff. BGB ansah.

[215] *Bettermann*, Vollstreckung und Rechtskraft, S. 138 Fußn. 36.

[216] *Bettermann* ebd. S. 138.

[217] *Bettermann* ebd. S. 143 unter II.

[218] Heute ganz herrschende Meinung: vgl. zum rechtskräftigen Urteil *BGHZ* 3, 385 (390); 24, 97 (98); *BGH* WPM 1971, 614; *RGZ* 56, 109 (111); 66,

Ergeht also ein Steuerbescheid gegen den Hauptschuldner und wird dieser bestandskräftig (sei es infolge Ablaufs der Einspruchs-/Widerspruchsfrist oder infolge Zurückweisung des Einspruchs/Widerspruchs oder der Anfechtungsklage), so sind nur dem Hauptschuldner, nicht auch dem Bürgen Einwendungen gegen die Entstehung und Höhe der verbürgten Steuerschuld abgeschnitten.

Zwischenergebnis: Da eine Wirkungserstreckung zum Nachteil des Bürgen nicht stattfindet, scheidet eine notwendige Beiladung unter dem Gesichtspunkt der *Wirkungserstreckung* (S. 68 unten) aus.

Zu untersuchen bleibt (nur) noch, ob nicht der *Wortlaut* des Tatbestandes die Beiladung gebietet:

b) Keine „notwendig einheitliche Entscheidung" im Sinne des Wortlauts des Beiladungstatbestandes

Nach dem Wortlaut der §§ 360 Abs. 3 Satz 1 AO, 60 Abs. 3 Satz 1 FGO, 65 Abs. 2 VwGO muß der Bürge beigeladen werden, wenn „die Entscheidung auch ihm gegenüber nur einheitlich ergehen kann":

Zweifel an der Notwendigkeit einheitlicher Entscheidung bestehen schon deshalb, weil sich nur das Obsiegen des Hauptschuldners, nicht auch dessen Unterliegen auf die Rechtsstellung des Bürgen auswirkt.

Die „notwendige Einheitlichkeit" muß aber auch dann verneint werden, wenn man für die notwendige Beiladung mit BVerwGE 18, 124[219] die „Drittwirkung" nur des Obsiegens *oder* Unterliegens ausreichen läßt. Denn es gibt Konstellationen[220], in denen nicht einmal das Obsiegen des Hauptschuldners sich auf die Rechtsstellung des Bürgen auswirkt: so, wenn Bürge und Gläu-

332 (334); 122, 146 (148); *Palandt / Thomas* § 767 Anm. 2 e; *Bettermann*, Vollstreckung und Rechtskraft, S. 138/139, 143 vor II, 160 unten; *Stein / Jonas / Leipold / Schumann* § 325 Anm. VI 3 c (S. 1092 oben bei Fußn. 128); *U. Huber* JuS 1972, 621 (unter I 2 a bei Fußn. 1 und S. 627 unter V 1 a). — Anderer Ansicht *Schwab* ZZP 77 (1964), 124 (143 oben u. 147); *Rosenberg / Schwab* § 157 II 1 (S. 883).

219 „Notwendig ist ... die Beiladung schon dann, wenn nach dem ... Klagebegehren ein Urteil *möglich* ist, das auch dem Dritten gegenüber nur einheitlich ergehen kann" (S. 128 oben). Die „Notwendigkeit der Beiladung hängt grundsätzlich nur davon ab, wie der Rechtsstreit im Ergebnis auslaufen *kann*" (S. 129). (Hervorhebungen im Original).

Auf der gleichen Linie liegt *BGHZ* 63, 51 betreffend den im Wortlaut fast identischen zivilprozessualen Tatbestand des § 62 Abs. 1 1. Altern. ZPO: „Die Erstreckung der Urteilswirkung ist (in § 3 Nr. 8 PflVG) auf den Fall begrenzt, daß über den Schadensersatzanspruch *negativ* entschieden wird. Diese Beschränkung der Urteilswirkung soll aber nicht im Wege stehen, die Voraussetzung der 1. Alternative zu § 62 Abs. 1 ZPO zu bejahen, wonach eine notwendige Streitgenossenschaft besteht, wenn das streitige Rechtsverhältnis den Streitgenossen gegenüber nur einheitlich festgestellt werden kann" (S. 54 oben). (Hervorhebung im Original.)

220 Daß man nicht auf die *zufällige* Gestaltung des *konkreten* Falles abstellen darf, hat sich mittlerweile durchgesetzt (vgl. *BGHZ* 63, 51, 55; 54, 251, 255): Man darf nicht die Notwendigkeit einer einheitlichen Entscheidung in denjenigen Fällen bejahen, in denen die im Verhältnis Gläubiger-Haupt-

biger die Akzessorietät der Bürgenstellung durch eine Vereinbarung[221] eingeschränkt haben, z. B. der Bürge auf die Einreden der §§ 768, 770 BGB verzichtet hat.

Im Ergebnis jedenfalls ist man sich in der zivilprozessualen Rechtsprechung[222] und Lehre[223] darin einig[224], daß die in § 62 Abs. 1 1. Altern. ZPO vorausgesetzte „notwendig einheitliche Entscheidung" für das Verhältnis Bürge/Hauptschuldner nicht erfüllt ist[220]. Da dieser Vorschrift die Vorschriften über die notwendige Beiladung offensichtlich nachgebildet sind[225], muß man m. E. anerkennen, daß auch deren Tatbestand nicht erfüllt ist[226].

c) Ergebnis

Als Ergebnis bleibt festzuhalten, daß der Bürge nicht beigeladen werden *muß*.

Zu untersuchen bleibt aber, ob die Beiladung des Bürgen, wenn schon nicht notwendig, so wenigstens *möglich* ist (sog. einfache Beiladung):

II. Einfache Beiladung?

§ 65 Abs. 1 VwGO ermöglicht die Beiladung solcher Personen, „deren rechtliche Interessen durch die Entscheidung berührt werden".

---

schuldner ergehende Entscheidung auf das Verhältnis Gläubiger-Bürge wirkt, im Falle des Fehlens solcher Wirkung die Notwendigkeit einer einheitlichen Entscheidung hingegen verneinen.

Weil die im Verhältnis Gläubiger-Hauptschuldner ergehende Entscheidung nicht *generell* (in *allen* Fällen) auf das Rechtsverhältnis Gläubiger-Bürge einwirkt, ist die Notwendigkeit einer einheitlichen Entscheidung gegenüber Hauptschuldner und Bürge zu verneinen.

[221] Gegen solche Vereinbarungen wird man schwerlich Bedenken erheben können (auch nicht das Bedenken, es handele sich um eine unzulässige Disposition über — öffentlich-rechtliche — Rechtskraftregeln, zu denen man auch die Regelung zählen müsse, nach der alle dem Hauptschuldner günstigen Entscheidungen auch dem Bürgen zugute kommen): Denn wenn die Vertragsfreiheit es gestattet, die Akzessorietät des einstehenden Dritten ganz auszuschließen (womit ein Garantievertrag vorläge), wird man auch bloße Einschränkungen der Akzessorietät wie die Ausschaltung der Rechtskrafterstreckung auf den Bürgen als zulässig ansehen müssen.

Zu einem Fall des gänzlichen Verzichts des Bürgen auf alle Einreden nach §§ 768, 770 BGB vgl. *BGH* WPM 1963, 1302 (1303 unter 2 a).

[222] *BGH* NJW 1969, 1480 (1481 unter b am Ende); *RGZ* 59, 234 (236).

[223] *Stein / Jonas / Leipold* § 62 Rdnr. 5 u. 11 (S. 146 u. 148); *Baumbach / Lauterbach / Albers / Hartmann* § 62 Anm. 2 C; *Thomas / Putzo* § 62 Anm. 4; *A. Blomeyer* § 109 III 3 (S. 617); *Rosenberg / Schwab* § 50 II 1 f (S. 256); *Fenge* NJW 1971, 1920 ff.

[224] Gegenstimmen sind nicht ersichtlich (nur bei *Wieczorek* § 62 A III d 1 S. 175 unpointierte Bedenken).

[225] *P. Schlosser* S. 198; *Stettner* S. 60 bei Fußn. 3.

[226] Stellungnahmen in Rechtsprechung oder Schrifttum zur Beiladung des Bürgen sind nicht zu finden.

§§ 360 Abs. 1 Satz 1 AO, 60 Abs. 1 Satz 1 FGO lassen als rechtliche Interessen nur solche „nach den Steuergesetzen“ genügen; als Musterbeispiel von Personen, die beigeladen werden können, nennen sie „insbesondere solche, die nach den Steuergesetzen neben dem Steuerpflichtigen haften“.

Die verwaltungsprozessuale Beiladungsregelung (§ 65 VwGO) hat für Steuerprozesse nur geringe Bedeutung: Ihr Anwendungsbereich beschränkt sich auf den Anfechtungsprozeß gegen gemeindliche Realsteuerbescheide (S. 50 Mitte), dessen Ergebnis durch das finanzbehördliche Meßbescheidverfahren schon weitestgehend „vorprogrammiert“ ist[226a]. Dennoch wird im folgenden der Tatbestand des § 65 Abs. 1 VwGO zuerst gesondert untersucht (1), da auf ihm der — kompliziertere — Tatbestand der §§ 360 Abs. 1 Satz 1 AO, 60 Abs. 1 Satz 1 FGO aufbaut (2):

1. § 65 Abs. 1 VwGO

Der Tatbestand der einfachen Beiladung (nämlich, daß die „rechtlichen Interessen des Dritten durch die Entscheidung berührt werden“) setzt weniger voraus als der Tatbestand der notwendigen Beiladung: Es ist nicht erforderlich, daß sich die Entscheidung „unmittelbar und zwangsläufig“[227] auf die Rechtsstellung des Dritten auswirkt; es genügt vielmehr, wenn sie sich ‚mittelbar und möglicherweise‘ auswirkt.

a) Demgemäß ist es unzweifelhaft, daß der Bürge im Anfechtungsstreit zwischen Hauptschuldner und Gläubiger beigeladen werden kann, weil ihm die der Anfechtung des Hauptschuldners stattgebende Entscheidung in seinem Verhältnis zum Gläubiger zugute kommt (S. 70).

Hiergegen läßt sich nicht einwenden, daß eine Beiladung deshalb unzulässig sei, weil für den Bürgen nur die Chance vorteilhafter Urteilswirkungen, nicht aber die Gefahr nachteiliger Wirkungen bestehe. Daß die Gefahr nachteiliger Berührung der Interessen des Dritten drohen müsse[228], ist nicht erforderlich: Es mag zwar zutreffen, daß der ursprüngliche Zweck des zivilprozessualen Rechtsinstituts der Nebenintervention (§ 66 ZPO) und des ihm nachgebildeten Tatbestandes der einfachen Beiladung der Schutz vor *nach*teiligen Wirkungen[229] ist; für eine solche Einschränkung findet sich jedoch im Wortlaut des Beiladungstatbestandes kein Anhaltspunkt, sie wird deshalb zu Recht von der herrschenden Meinung[230] abgelehnt.

[226a] Dazu vgl. *BVerwG* Buchholz 401.5 § 5 GewStG Nr. 1 und Nr. 2.

[227] Vgl. Fußn. 196.

[228] So aber *Stahl* S. 47 - 52 i. V. m. S. 31 - 34; ihm zustimmend *Habscheid* ZZP 86 (1973), 101 (102 unter 2).

[229] So *Stahl* S. 31 unten/32 i. V. m. S. 17 Fußn. 1 m. w. N.

[230] Vgl. z. B. *Schunck / de Clerck* §§ 65, 66 Anm. 2 e (S. 393): „Rechtslage des Dritten verbessern oder verschlechtern“; *Redeker / von Oertzen* § 65 Rdnr. 4 m. w. N. — Vgl. zu § 66 ZPO *Wieser,* Das rechtliche Interesse des Nebenintervenienten, 1965, S. 73 f.

Die Beiladung des Bürgen ist auch nicht deshalb bedenklich, weil sich sein Verhältnis zum Gläubiger gemäß § 192 AO „nach den Vorschriften des bürgerlichen Rechts" richtet. Denn die berührten Interessen können auch privatrechtlicher Art sein[231], da § 65 Abs. 1 VwGO — im Gegensatz zu § 60 Abs. 1 Satz 1 FGO — eine Einschränkung auf öffentlich-rechtliche Interessen nicht enthält.

b) Die im Verhältnis Gläubiger-Hauptschuldner ergehende Entscheidung berührt aber nicht nur die rechtlichen Interessen des Bürgen in seinem Verhältnis zum Gläubiger. Sie *berührt auch* seine rechtlichen Interessen in seinem *Regreßverhältnis zum Hauptschuldner*, sie bestimmt nämlich das Ob und den Umfang des Zessionsregresses Bürge-Hauptschuldner: Soweit der Hauptschuldner gegenüber der Steuerbehörde unterliegt, sind ihm nicht nur ihr gegenüber Einwendungen gegen Entstehung und Höhe der Steuerschuld abgeschnitten, sondern auch gegenüber dem aus Zessionsregreß vorgehenden Bürgen, wenn dieser den Steuerfiskus befriedigt hat und dadurch dessen *Rechtsnachfolger* geworden ist (§ 774 Abs. 1 Satz 1 BGB i. V. m. § 121 VwGO).

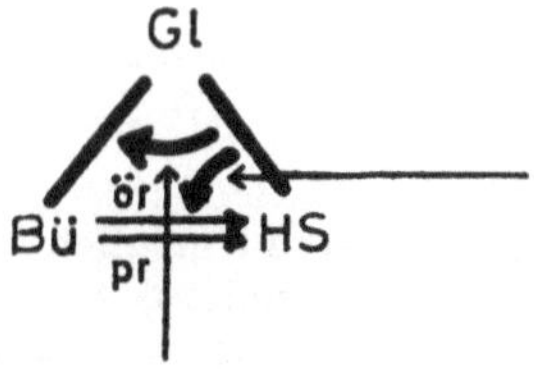

Rechtsnachfolge:
Bindung zu Gunsten + zu Lasten des Bürgen, betrifft nur öff-r Zessionsregreß

Wirkungserstreckung
nur zu Gunsten des Bürgen

Ob die Auswirkungen der im Verhältnis Gläubiger-Hauptschuldner ergehenden Entscheidung auf den Zessionsregreß Bürge-Hauptschuldner die Beiladung des Bürgen ermöglichen, ist aber fraglich:

In den Urteilen BFHE 67, 29 = BStBl. III 1958, 283 und RFH RStBl. 1933, 753 wurde nämlich ausgeführt, daß nicht beigeladen werden könne, wer ein den Belangen des Steuerpflichtigen entgegengesetztes Interesse am Ausgang des Steuerrechtsstreites habe: „Beteiligter ... kann *nur* sein, wer ein *eigenes steuerliches Interesse* daran hat, *daß der Steuerpflichtige* selbst mit seiner Auffassung *durchdringt*, wer steuerliche Nachteile vom Steuerpflichtigen im eigenen Interesse abwehren will und muß, aber nicht, wer zum eigenen Vorteil eine steuerliche Benachteiligung des Steuerpflichtigen erstrebt."

Betrachtet man den Zessionsregreß isoliert, so sind entgegengesetzte Interessen gegeben: Soweit der Hauptschuldner gegenüber der Steuerbehörde unterliegt, sind ihm Einwendungen gegenüber dem Zessionsregreß des

[231] Heute allgemeine Meinung: vgl. z. B. *Eyermann / Fröhler* § 65 Rdnr. 19; *Redeker / von Oertzen* § 65 Rdnr. 4 am Ende. Ebenso *Stahl* S. 35 - 37 m. w. N. in Fußn. 35 b. — Früher umstritten = für Begrenzung auf öffentlich-rechtliche Interessen z. B. *W. Schmitt* NJW 1949, 611 (611/612) u. *W. Bauer* DÖV 1949, 189 (192 am Ende); dagegen *Bachof* DÖV 1949, 364 (365 unter 3).

Bürgen abgeschnitten, was für den Hauptschuldner nachteilig, für den aus Zessionsregreß vorgehenden Bürgen vorteilhaft ist.

Die Anwendbarkeit des Grundsatzes der genannten Urteile auf die Zessionsregreß-Konstellation ist aber zweifelhaft; schon die Richtigkeit des Grundsatzes ist fragwürdig[231a]; außerdem unterscheidet sich die Zessionsregreß-Konstellation von den Sachverhalten, die den Urteilen zugrundelagen[232].

Selbst wenn aus dem Gesichtspunkt der Berührung der Zessionsregreß-Interessen des Bürgen — wegen der insoweit entgegengesetzten Interessen — keine Beiladung möglich wäre, so bleibt es doch bei der zuvor unter a) getroffenen Feststellung, daß der Bürge wegen der möglichen Auswirkungen der Entscheidung auf sein Verhältnis zum Gläubiger beigeladen werden kann: *Insoweit* sind die Interessen von Hauptschuldner und Bürge gleichgerichtet; die sich daraus ergebende Beiladungsmöglichkeit können die genannten Urteile nicht in Frage stellen; denn das gleichgerichtete Interesse des Bürgen ist vorrangig gegenüber seinem entgegengesetzt gerichteten Regreßinteresse: Primär geht es ihm darum, nicht an den Gläubiger zahlen zu müssen; nur wenn er doch zahlen muß, dann will er sekundär wenigstens so leicht wie möglich seinen Regreß gegen den Hauptschuldner durchsetzen können.

c) Ob ausnahmsweise eine Beiladung auch dann möglich ist, wenn Bürge und Gläubiger die Akzessorietät der Bürgenstellung kraft Vereinbarung eingeschränkt haben[233] und sich dadurch die im Verhältnis Gläubiger-Hauptschuldner ergehende Entscheidung nicht auf das Verhältnis Gläubiger-Bürge auswirkt, soll — ebenso wie ähnliche Ausnahmefälle — hier sowie im folgenden außer Betracht bleiben.

2. §§ 60 Abs. 1 Satz 1 FGO, 360 Abs. 1 Satz 1 AO

Sofern nicht § 65 Abs. 1 VwGO, sondern §§ 360 Abs. 1 Satz 1 AO, 60 Abs. 1 Satz 1 FGO eingreifen, weil es sich um eine von den §§ 1 Abs. 1

[231a] Der Beschluß *BFHE* 126, 7 (9) = BStBl. II 1979, 25 (26) geht bereits auf „vorsichtige Distanz" zu den zitierten Urteilen. In ihm wird ausgeführt, die Beiladung sei „jedenfalls dann im Regelfall" ausgeschlossen, wenn eine entgegengesetzte Interessenlage vorliege *und* der Kläger der Beiladung widerspreche; eines näheren Eingehens auf die etwas abweichenden zitierten Urteile bedürfe es nicht, weil sie zu einer älteren Fassung der Beiladungsvorschrift ergangen seien.

[232] In den entschiedenen Fällen konnte das Urteil die steuerrechtlichen Interessen des Dritten nicht nachteilig berühren (*BFH* ebd. und *RFH* ebd. stellen ausdrücklich fest, daß der Dritte „durch das Urteil *nicht benachteiligt*" werden könne). Anders ist die Lage aber, wenn ein Forderungsübergang auf den Dritten (hier: den Bürgen) stattfinden kann und dieser als Rechtsnachfolger das Unterliegen des Rechtsvorgängers (hier: des Fiskus) gegen sich gelten lassen muß: hier kann das Urteil die Interessen des Dritten *nachteilig* berühren.

[233] Siehe S. 73 oben bei Fußn. 221.

AO, 33 Abs. 1 Nr. 1 FGO umfaßte Steuer handelt, können nur solche Personen beigeladen werden, „deren rechtliche Interessen *nach den Steuergesetzen* durch die Entscheidung berührt werden, insbesondere solche, die *nach den Steuergesetzen* neben dem Steuerpflichtigen haften". Diese Einschränkung war schon in der Reichsabgabenordnung von 1919[234] enthalten. Für die Entscheidung des Gesetzgebers, diese Einschränkung bei Schaffung der FGO im Jahre 1965 beizubehalten und nicht wie im übrigen dem Vorbild der VwGO zu folgen,

> „bietet sich als einleuchtender Grund der Umstand, daß in Finanzrechtsstreitigkeiten das Steuergeheimnis (§ 22 RAO = § 30 AO) zu wahren ist und deshalb der Kreis der Verfahrensbeteiligten möglichst klein gehalten werden sollte. Zwar umfaßt die Zuständigkeit der allgemeinen Verwaltungsgerichte auch gewisse Steuerstreitigkeiten, so daß dort auch insofern die Vorschriften über das Steuergeheimnis eine Rolle spielen. Es handelt sich aber bei den Steuerstreitigkeiten im Bereich der allgemeinen Verwaltungsgerichtsbarkeit nur um ein Randgebiet dieser Gerichtsbarkeit, nicht wie bei der Finanzgerichtsbarkeit um ihren Kernbereich, auf den naturgemäß die Verfahrensvorschriften zugeschnitten sind[235]."

Weil §§ 60 Abs. 1 Satz 1 FGO, 360 Abs. 1 Satz 1 AO eine *steuergesetzliche* Interessenberührung bzw. *steuergesetzliche* Haftung voraussetzen, kann nicht gefolgert werden, daß der Steuerbürge nicht beigeladen werden könne. Denn die Haftung des Steuerbürgen ist in einem Steuergesetz geregelt. Die Abgabenordnung und damit auch ihr § 192 sind steuergesetzliche Vorschriften. Daß nach § 192 AO der Bürge „nur nach den Vorschriften des bürgerlichen Rechts in Anspruch genommen werden" kann und damit in einem *Steuergesetz* eine *bürgerlichrechtliche* Haftung normiert ist, ist unschädlich[236]. Denn der Wortlaut der §§ 60 Abs. 1 Satz 1 FGO, 360 Abs. 1 Satz 1 AO verlangt nur eine steuer*gesetzliche,* nicht auch eine steuer*rechtliche* Haftung.

Nicht nur nach dem Wortlaut der §§ 60 Abs. 1 Satz 1 FGO, 360 Abs. 1 Satz 1 AO, sondern auch nach ihrer *ratio* ist die Beiladung des Bürgen möglich. Denn der (obengenannte) Grund, dessentwegen solche Personen,

---

[234] § 226 Abs. 2 der Reichsabgabenordnung vom 13. 12. 1919 (RGBl. S. 1993 ff., 2048): „Auch sonst kann als Beteiligter zugezogen werden, wessen Interesse nach den Steuergesetzen durch die Entscheidung berührt wird, insbesondere wer aufgrund dieser Gesetze neben dem Steuerpflichtigen haftet oder haftbar gemacht werden kann."

[235] *BFHE* 115, 5 (7) = BStBl. II 1975, 388 (389).

[236] Ebenso *Seeliger* DStRecht 1966, 406 (408); *Tipke / Kruse* § 60 FGO Rdnr. 3 (S. 1691).

Zur Frage, ob drohende privatrechtliche Regreßansprüche oder -pflichten des Klägers gegenüber einem Dritten zu dessen Beiladung berechtigen, vgl. einerseits *BFHE* 115, 5 (7 f.) = BStBl. II 1975, 388 f., andererseits *BFHE* 86, 327 (329) = BStBl. III 1966, 466 und *J. Martens* VwArch 60 (1969), 197/356 (370 Fußn. 396 am Ende). Etwas anders gelagert: *BFHE* 117, 1 (4) = BStBl. II 1976, 41 (42 unter 2).

bei denen nur rechtliche Interessen nicht-steuergesetzlicher Art berührt werden, von der Beiladungsmöglichkeit ausgenommen sind, liegt beim Bürgen nicht vor. Der Gesichtspunkt des Steuergeheimnisses greift nämlich gegenüber dem Bürgen regelmäßig nicht durch, weil der Hauptschuldner aufgrund einer Nebenpflicht aus dem Innenverhältnis zum Bürgen diesem ohnehin zur Information verpflichtet ist.

c) Als *Ergebnis* bleibt festzuhalten, daß der Bürge sowohl gemäß § 65 Abs. 1 VwGO als auch gemäß §§ 60 Abs. 1 Satz 1 FGO, 360 Abs. 1 Satz 1 AO im Anfechtungsstreit zwischen Hauptschuldner und Gläubiger beigeladen werden kann. Weder die entgegengesetzten Zessionsregreßinteressen noch die Verweisung des § 192 AO auf die bürgerlichrechtlichen Vorschriften (dies ist nur für §§ 60 Abs. 1 Satz 1 FGO, 360 Abs. 1 Satz 1 AO relevant) schließen die Beiladungsmöglichkeit aus.

III. Gesamtergebnis

Im Anfechtungsstreit zwischen Hauptschuldner und Gläubiger kann der Bürge beigeladen werden. Notwendig ist seine Beiladung nicht.

C. Wirkung der Beiladung

I. Im allgemeinen

Die Beiladung bewirkt, daß die Entscheidung im gleichen Umfang wie die Parteien auch den Beigeladenen bindet. Für rechtskräftige Urteile ergibt sich das aus §§ 110 Abs. 1 Satz 1, 57 Nr. 3 FGO = §§ 121, 63 Nr. 3 VwGO. Für bestandskräftige Einspruchsentscheidungen ergibt sich die Bindung des Beigeladenen aus §§ 366 Satz 1, 359 Nr. 2 i. V. m. § 124 Abs. 1 AO[237].

Die Bindungswirkung erfaßt den Beigeladenen in seinem Verhältnis zu *beiden* Parteien; sie ergibt sich also sowohl im Verhältnis Beigeladener-Beklagter als auch im Verhältnis Beigeladener-Kläger:

Diese Bindungswirkung im Verhältnis zu beiden Parteien ergibt sich aus der Funktion der verwaltungsprozessualen Beiladung im Gegensatz zu den zivilprozessualen Rechtsinstituten der Nebenintervention (§§ 66 - 71 ZPO) und der Streitverkündung (§§ 72 - 74 ZPO)[238]: Der Nebenintervenient und der Streitverkündungsgegner sind als Helfer oder Gegner einer der beiden Parteien konzipiert; dementsprechend

---

237 Ergebnis unstreitig: vgl. z. B. *Hübschmann / Hepp / Spitaler / v. Wallis* § 360 AO Rdnr. 1 am Ende; *Tipke / Kruse* § 360 Rdnr. 4 am Ende; *Klein / Orlopp* § 360 Anm. 5 c. — Früher ausdrücklich bestimmt in § 241 Abs. 4 (am Ende) RAO.

238 Vgl. *Bettermann* ZZP 90 (1977), 121 (127 unten/128 oben).

sind sie zu Erklärungen und Handlungen nur[239] insoweit berechtigt, als diese nicht mit den Erklärungen und Handlungen der Hauptpartei in Widerspruch stehen (§ 67 Halbs. 2 bzw. § 74 Abs. 3 i. V. m. § 67 Halbs. 2 ZPO). Ihrer einseitigen und abhängigen Stellung entsprechend hat das Gesetz eine Bindungswirkung nur im Verhältnis zu einer Partei normiert (§ 68 bzw. § 74 Abs. 3 i. V. m. § 68 ZPO). Der Beigeladene ist hingegen dem Gesetz nach nicht Helfer der einen Partei und/oder Gegner der anderen Partei (wenngleich das praktisch die Regel ist), sondern er hat eine eigenständige Stellung[240]. Er kann selbständig — auch im Widerspruch zu den Parteien — Erklärungen abgeben und Prozeßhandlungen vornehmen (§ 66 VwGO = § 60 Abs. 6 FGO), er muß nur innerhalb des Streitgegenstandes („innerhalb der Anträge eines Beteiligten") bleiben[241] und kann nicht über den Streitgegenstand verfügen. Die eigenständige Stellung des Beigeladenen weist Elemente einer „dritten Partei" auf. Demgemäß wird er nicht einseitig, im Verhältnis zu nur einer Partei, gebunden; sondern die Bindungswirkung erfaßt ihn wie eine „dritte Partei" in seinem Verhältnis zu *beiden* Parteien[242].

Diese Rechtslage unterscheidet sich nicht nur von derjenigen des § 68 ZPO, der nur das Verhältnis der Hauptpartei zum Nebenintervenienten bzw. Streitverkündungsgegner regelt, sondern weicht auch von der Regelung der §§ 325 ZPO, 121 VwGO, 110 Abs. 1 Satz 1 FGO, 141 Abs. 1 SGG ab, die nur eine Bindung zwischen dem Rechtsnachfolger und dem Gegner, nicht auch eine Bindung zwischen dem Rechtsnachfolger und dem Rechtsvorgänger normieren.

Zu § 68 ZPO besteht aber noch ein weiterer Unterschied: Während diese Vorschrift eine Bindungswirkung im Verhältnis der Hauptpartei zum Nebenintervenienten bzw. Streitverkündungsgegner nur zu Lasten[243] des letzteren bestimmt, geben weder Wortlaut noch Sinn der Beiladungsregelung für eine solche Beschränkung etwas her: Die Bindungswirkung erfaßt den Beigeladenen (im Verhältnis zu beiden Parteien) *sowohl zu seinen Gunsten als auch zu seinen Lasten.*

---

239 Ausnahme: der streitgenössische Nebenintervenient, § 69 i. V. m. § 61 ZPO.

240 § 66 VwGO = § 60 Abs. 6 FGO: „selbständig". — Unstreitig: vgl. z. B. *Tipke / Kruse* § 60 FGO Rdnr. 6; *Redeker / von Oertzen* § 66 Rdnr. 1, § 65 Rdnr. 1; *Eyermann / Fröhler* § 65 Rdnr. 1 u. 3; *Bettermann* DVBl. 1951, 39/72 (40 f.).

241 Nur der notwendig Beigeladene ist von dieser Begrenzung befreit, § 66 Satz 2 VwGO = § 60 Abs. 6 Satz 2 FGO.

242 z. B. *Tipke / Kruse* § 110 FGO Rdnr. 9; *Bettermann* ZZP 90 (1977), 121 (127 unten); *Stahl* S. 76 bei Fußn. 112.

243 Über den Wortlaut des § 68 ZPO hinaus wird allerdings teilweise eine Bindungswirkung auch zugunsten des Nebenintervenienten bzw. Streitverkündungsgegners angenommen: vgl. *BGHZ* 36, 212 (214 - 217); *Stein / Jonas / Leipold* § 68 Rdnr. 12 Fußn. 32 m. Nachw. zum Streitstand; *Stahl* S. 139/140.

II. Anwendung auf den Bürgen

1. Wurde der Bürge im Anfechtungsstreit zwischen Hauptschuldner und Steuerbehörde beigeladen, so wirkt außer der für den Hauptschuldner günstigen Entscheidung auch die für den Hauptschuldner ungünstige Entscheidung im Verhältnis *Gläubiger-Bürge:* Wird der Steuerbescheid durch Urteil oder Einspruchsentscheidung (ganz oder teilweise) bestandskräftig bestätigt, so wirkt dies kraft der Beiladung auch im Verhältnis Gläubiger-Bürge. Ebenso wie nun für den Hauptschuldner die Grundlage für die Steuererhebung = die Entstehung des Steueranspruchs (§§ 218 Abs. 1, 37 Abs. 1 AO) unbestreitbar feststeht, gilt dies kraft der Beiladung auch für den Bürgen: auch er wird nicht mehr damit gehört, ein Steueranspruch sei nicht entstanden. Gegenüber der Inanspruchnahme durch den Gläubiger verbleibt ihm nur solches Vorbringen, das nicht den Gegenstand des Verfahrens zur Durchführung der Besteuerung (vgl. S. 62) betrifft: z. B. die Geltendmachung der Verjährung[244] des Steueranspruchs, seines Erlasses oder seiner Erfüllung oder der Einwand, ein Bürgschaftsverhältnis sei nicht wirksam begründet worden. — (Einzelheiten finden sich in § 6).

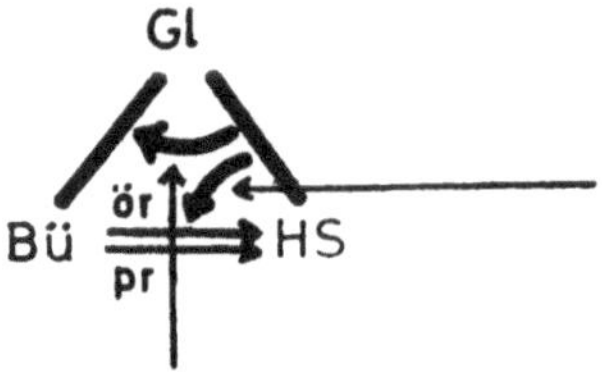

Rechtsnachfolge:
Bindung zu Gunsten + zu Lasten des Bürgen, betrifft nur öff-r Zessionsregreß

Wirkungserstreckung
nur zu Gunsten des Bürgen

Beiladungswirkung:
Bindung aller Beteiligten in allen Rechtsbeziehungen pro et contra

2. Die Bindungswirkung der Beiladung wirkt sich auch auf das Verhältnis *Bürge-Hauptschuldner* aus: Wurde der Bürge beigeladen, so bindet die im Verhältnis Gläubiger-Hauptschuldner ergehende Entscheidung den Bürgen nicht nur lediglich als Rechtsnachfolger und dadurch nur hinsichtlich des Zessionsregresses (vgl. S. 75); die Bindungswirkung erstreckt sich vielmehr auf das gesamte Rechtsverhältnis zwischen Bürge und Hauptschuldner, sie erfaßt *sowohl den Zessionsregreß als auch den Kausalregreß.*

Die Bindungswirkung im Verhältnis Bürge-Hauptschuldner auf nur den Zessionsregreß (oder nur den Kausalregreß) zu begrenzen, würde schwerlich dazu passen, daß der Beigeladene mit Elementen einer „dritten Partei" ausgestattet ist. Dem entspricht eine „volle" Bindung im Verhältnis zu beiden

---

244 Zum Verjährungseinwand siehe Fußn. 179.

Parteien meines Erachtens am besten. Eine Begrenzung wird deshalb — soweit ersichtlich — auch nirgends befürwortet.

Soweit der Steuerbescheid durch Urteil oder Einspruchsentscheidung bestätigt wurde, kann der Hauptschuldner gegenüber dem Regreßverlangen des Bürgen nicht mehr die Grundlage der Steuererhebung = die Entstehung des Steueranspruchs (§§ 218 Abs. 1, 37 Abs. 1 AO) bestreiten.

Soweit der Steuerbescheid aufgehoben wurde, steht die Nichtentstehung des Steueranspruchs fest, so daß eine Regreßklage des Bürgen aussichtslos wäre: mangels Steuerforderung konnte weder eine Zession gemäß § 774 Abs. 1 Satz 1 BGB erfolgen noch die Zahlung des Bürgen eine „den Umständen nach erforderliche Aufwendung" im Sinne des § 670 BGB sein.

(Einzelheiten finden sich in § 8).

Vor §§ 6 bis 8

Die nun folgende Darstellung (§§ 6 - 8) der *Wechselwirkungen im Dreiecksverhältnis* von Steuerschuldner, Steuerfiskus und zahlendem Dritten erfolgt anhand des Beispielsfalles (vgl. S. 38), daß ein Bürge sich im Auftrage des Steuerschuldners für eine bundesgesetzlich geregelte und im Finanzrechtsweg auszufechtende Steuerschuld im Sinne der §§ 1 Abs. 1 AO, 33 Abs. 1 Nr. 1 FGO verbürgt hat.

Solche Bürgschaften gibt es vor allem im Zollrecht (vgl. S. 38).

Wenn ein Rechtsstreit im Verhältnis Gläubiger-Hauptschuldner entschieden worden ist, fragt es sich, ob bzw. unter welchen Voraussetzungen diese Entscheidung auch für das Verhältnis Gläubiger-Bürge maßgeblich ist (§ 6). Außerdem wird den Bürgen interessieren, wodurch er sich im Falle seiner Inanspruchnahme die Gewähr des Regresses gegen den Hauptschuldner verschaffen kann (§ 7) oder inwieweit gar eine Entscheidung im Verhältnis Gläubiger-Hauptschuldner schon seinen Regreß gegen den Hauptschuldner garantiert (§ 8).

Ficht der Steuerschuldner den Steuerbescheid an, so wird die Entscheidung in der Regel auf Abweisung der Anfechtung, auf partielle Aufhebung (§ 100 Abs. 1 FGO: „soweit") oder auf Festsetzung eines niedrigeren Betrages (§ 100 Abs. 2 FGO) lauten; die Totalaufhebung des Steuerbescheides wird die Ausnahme sein. Wenn im folgenden nur die Alternative Anfechtungsabweisung/Totalaufhebung des Steuerbescheides behandelt wird, so liegt dem die Erwägung zugrunde, daß die Fälle der Teilaufhebung und der Steuerherabsetzung letzten Endes Unter- oder Kombinationsfälle der Anfechtungsabweisung und/oder der Totalaufhebung des Steuerbescheides sind.

§ 6 Wirkung der Steuerfestsetzung auf das Verhältnis Gläubiger-Bürge

A. Aufhebung des Steuerbescheides: Bindungswirkung auch ohne Beiladung

Wird der Steuerbescheid durch eine bestandskräftige Entscheidung (Urteil oder Einspruchsentscheidung) ganz oder teilweise aufgehoben (oder im Betrage herabgesetzt), so kommt dies dem Bürgen in seinem Verhältnis zum Gläubiger zugute — unabhängig davon, ob er beigeladen war oder nicht (S. 70).

Der Fall, daß Gläubiger und Bürge z. B. kraft Vereinbarung die Akzessorietät der Bürgenstellung eingeschränkt haben (so daß sich die im Verhältnis Gläubiger-Hauptschuldner ergehende Entscheidung nicht auf das Verhältnis Gläubiger-Bürge auswirken kann)[245], bleibt im folgenden außer Betracht.

B. Steuerfestsetzung bzw. ihre Bestätigung: Differenzierungen

Die Beiladung ist hingegen bedeutsam für die Frage, ob die für den Hauptschuldner ungünstigen Rechtsentscheidungen (bestandskräftige Bestätigung des Steuerbescheides durch Einspruchsentscheidung oder Urteil) eine Bindung im Verhältnis Gläubiger-Bürge erzeugen:

I. Bindung kraft Beiladung

Ist die Beiladung des Bürgen im Festsetzungsstreit erfolgt, so kommt ihm in seinem Verhältnis zum Gläubiger nicht nur die Aufhebung (oder betragsmäßige Herabsetzung) des Steuerbescheides zugute, sondern ihn bindet auch der umgekehrte Ausgang des Rechtsstreites, die Bestätigung des Steuerbescheides, wie schon auf S. 79 unten/80 (I. 1.) dargelegt: Der Bürge kann nicht mehr bestreiten, daß ein Steueranspruch entstanden ist; gehört wird er nur noch mit dem Vorbringen, daß z. B. das Bürgschaftsverhältnis nicht wirksam begründet worden sei oder daß der Steueranspruch verjährt[244], erlassen oder erfüllt worden sei.

---

[245] Siehe S. 73 oben bei Fußn. 221.

Aber auch dann, wenn der Bürge nicht im Anfechtungsstreit beigeladen wurde, kann unter Umständen die für den Hauptschuldner ungünstige Entscheidung eine Bindung im Verhältnis Gläubiger-Bürge erzeugen:

II. Bürgschaftsübernahme erst nach dem Ende des Festsetzungsverfahrens (Bindung ohne Beiladung)

Wurde die Bürgschaft erst nach dem bestandskräftigen Abschluß des Festsetzungsverfahrens übernommen, so muß der (in einem solchen Fall stets mangels Beiladungsmöglichkeit nicht beigeladene) Bürge die Festsetzung gegen sich gelten lassen: Zwar ist streitig, ob es einen umfassenden Rechtssatz des Inhalts gibt, daß derjenige, der seine Rechtslage an eine bestandskräftig festgestellte Rechtslage anknüpft, diese gegen sich gelten lassen muß[246]. Aber auch wenn man einen solchen umfassenden Rechtssatz verneint, wird man einen solchen Rechtssatz jedenfalls speziell für die Bürgschaftsübernahme aus § 767 Abs. 1 Satz 3 BGB herleiten können: wie auf Seite 71 dargelegt, gilt die Aussage des § 767 Abs. 1 Satz 3 BGB, daß Rechtsgeschäfte, die der Hauptschuldner *nach* der Übernahme der Bürgschaft vornimmt, nicht gegen den Bürgen wirken, auch für das prozessuale Verhalten des Hauptschuldners; daraus wird man im Wege des Umkehrschlusses folgern müssen, daß der Bürge die *vor* Bürgschaftsübernahme im Verhältnis Gläubiger-Hauptschuldner ergangenen prozessualen Entscheidungen gegen sich gelten lassen muß[247].

Wenn also die Steuerschuld bereits bestandskräftig festgesetzt ist, so ist diese Gegenstand der Bürgschaft im Sinne des § 765 BGB. Der Bürge „muß die bestandskräftige Festsetzung anerkennen ... Ob er Kenntnis von der bestandskräftigen Festsetzung hat oder nicht, ist gleichgültig[248]. Nur ein Anfechtungsrecht[249] (im Sinne von Anfechtung der dem Bürgschaftsvertrag zugrundeliegenden Willenserklärung) kann eventuell dem Bürgen aus seiner Unkenntnis erwachsen[250]."

---

246 Einen solchen generellen Rechtssatz bejahen *Bettermann*, Vollstreckung und Rechtskraft, S. 136/137, 139 (unter 2), 160; *A. Blomeyer* § 91 II 2 b *a*, S. 479 und § 93 III 1, S. 493 und ZZP 75 (1962), 1 (12 u. 22 f.); siehe auch *Schwab* ZZP 77 (1964), 124 (151 oben); *Rosenberg / Schwab* § 157 III 2 b (S. 887 bei Fußn. 17). — Ablehnend hingegen *Stein / Jonas / Schumann / Leipold* § 325 Anm. VI, S. 1390 bei Fußn. 121.

247 Im Ergebnis ebenso *Bettermann* ebd. S. 139 (unter 2); *A. Blomeyer* ebd.; *U. Huber* JuS 1972, 621 (627 unter V 1 a, Fall 8 Fußn. 37 m. w. N.). — Einschränkend „in aller Regel" *Stein / Jonas / Schumann / Leipold* ebd. bei Fußn. 122.

248 Bedenken gegenüber der Gleichstellung von Kenntnis und Unkenntnis bei *Stein / Jonas / Schumann / Leipold* ebd.

249 Anderer Ansicht *A. Blomeyer* ZZP 75 (1962), 1 (23 bei Fußn. 59).

250 Zitat aus *Bettermann*, Vollstreckung und Rechtskraft, S. 139/140 unter 2 einschließlich Fußn. 46 (unter Einsetzung von „bestandskräftige Festsetzung" statt „rechtskräftige Feststellung").

Ergebnis: Auch, wenn die Bürgschaft erst nach bestandskräftigem Abschluß des Festsetzungsverfahrens übernommen wurde (und damit die Möglichkeit der Beiladung des Bürgen fehlte), wirkt die zwischen Gläubiger und Hauptschuldner verbindliche Steuerfestsetzung im Verhältnis Gläubiger-Bürge.

III. In sonstigen Fällen keine Bindungswirkung

Hat sich der Bürge *vor* bestandskräftigem Abschluß des Steuerfestsetzungsverfahrens verbürgt und ergibt sich auch keine Beiladungswirkung (entweder weil der Bürge nicht beigeladen wurde oder weil er zwar beigeladen wurde, die Beiladung aber keine Wirkung entfalten kann, da der Hauptschuldner das Verfahren durch z. B. Einspruchs- bzw. Klage[250a]rücknahme[251, 252, 253] oder Erledigungserklärung[251] beendete), so ergibt sich keine Bindung im Verhältnis Gläubiger-Bürge. Denn ohne Beiladung und, ohne daß die Voraussetzungen von II. vorliegen, wirken Vorgänge, die erst nach Bürgschaftsübernahme die Stellung des Hauptschuldners verschlechtern, nicht gegen den Bürgen (arg. §§ 767 Abs. 1 Satz 3, 768 Abs. 2 BGB; vgl. S. 71/72)[254].

Da die Steuerfestsetzung eine Bindungswirkung im Verhältnis Steuerfiskus-Steuerbürge nicht erzeugt, muß der Steuerfiskus es sich gefallen lassen, daß die Frage der Steuerschuld des Hauptschuldners in seinem (gemäß § 192 AO: Zivil-)Prozeß gegen den Bürgen vollen Umfangs neu zu prüfen ist[254].

C. Ergebnis

1. Wird im Anfechtungsstreit Gläubiger-Hauptschuldner der Steuerbescheid aufgehoben oder betragsmäßig herabgesetzt, so kommt dies

---

250a Letzteres genügt zum „Auslöschen" der Beiladungswirkung aber nicht, wenn schon im Einspruchsverfahren eine Beiladung erfolgt war.

251 Zu solcher Disposition ist das Einverständnis des Beigeladenen nicht nötig: *Eyermann / Fröhler* § 66 Rdnr. 8; *Redeker / von Oertzen* § 66 Rdnr. 6; *Schunck / de Clerck* §§ 65, 66 Anm. 4 a (S. 397); jeweils mit Nachweisen (Streitig nur beim notwendig Beigeladenen: siehe *Schunck / de Clerck* ebd. gegen *Eyermann / Fröhler* Rdnr. 19 und *Redeker / von Oertzen* Rdnr. 10).

252 Nur wenn der Beigeladene Partner des Vergleichs wird, wird er durch ihn gebunden.

253 Sofern im Steuerfestsetzungssstreit ein Vergleich möglich (zulässig) sein sollte, was hier nicht zu erörtern ist.

254 Vgl. *Speich* DB 1968, 772 (773 unter IV 1 b + c). Zu Recht nennt er unter 1 b als Ausnahmefall die Beiladung (vgl. S. 83 unten); unerwähnt bleibt allerdings der Ausnahmefall der (vertraglichen) Haftungsübernahme nach Ende des Festsetzungsverfahrens (vgl. S. 84). — Wie Speich auch *Frenkel* FR 1970, 376 (378 bei Fußn. 43).

Früher alles sehr streitig: vgl. *Crisolli* JW 1937, 1218 (1220 f. unter 3 m. w. N.).

dem Bürgen immer (auch ohne Beiladung) in seinem Verhältnis zum Gläubiger zugute (oben A).

Wurde er ganz aufgehoben, so ist die Zahlungsklage des Steuerfiskus gegen den Bürgen aussichtslos. Wurde der Steuerbescheid teilweise aufgehoben oder herabgesetzt, so kann die Zahlungsklage allenfalls hinsichtlich des verbliebenen Teiles erfolgreich sein (dazu unten 2.).

Falls der Bürge schon vor der Aufhebung (oder Herabsetzung) gezahlt hat, steht fest, daß seine Zahlung ganz (oder teilweise) rechtsgrundlos war (S. 70/71): Folglich hat der Bürge gegen den Steuerfiskus einen (im ordentlichen Rechtsweg zu verfolgenden[255]) Rückzahlungsanspruch aus § 812 BGB.

2. Wird der Steuerbescheid bestandskräftig bestätigt, so wirkt dies im Verhältnis Gläubiger-Bürge, wenn der Bürge zum Anfechtungsstreit beigeladen war oder die Bürgschaft erst nach dem Abschluß des Festsetzungsverfahrens übernommen hatte (oben B I + II). In diesen Fällen steht für den Prozeß des Gläubigers gegen den Bürgen bereits verbindlich fest, daß der Steueranspruch entstanden ist.

In allen sonstigen Fällen wirkt die Steuerfestsetzung nicht im Verhältnis Gläubiger-Bürge (oben B III). Im Prozeß des Gläubigers gegen den Bürgen ist die Frage, ob der Steueranspruch entstanden ist, neu zu entscheiden.

---

[255] Siehe Fußn. 213.

§ 7 Vom Steuerfiskus verklagter Bürge sollte dem Steuerschuldner den Streit verkünden

1. Nimmt der Steuerfiskus den Bürgen im Klagewege (gemäß § 192 AO im Zivilprozeß) in Anspruch. so sollte der Bürge sich die Gewähr verschaffen, daß er im Unterliegensfalle erfolgreich gegen den Hauptschuldner Regreß nehmen kann, indem er diesem den Streit verkündet (§§ 72 - 74 ZPO):

Falls nun der Bürge unterliegt, wird der Hauptschuldner im Verhältnis zum Bürgen nicht damit gehört, der Rechtsstreit sei unrichtig entschieden (§§ 74 Abs. 3, 68 ZPO): Im Verhältnis Bürge-Hauptschuldner steht verbindlich fest, daß der Bürge an den Gläubiger zahlen muß(te), daß die Zahlung also eine „den Umständen nach erforderliche Aufwendung" im Sinne des § 670 BGB ist, die der Hauptschuldner aufgrund des Innenverhältnisses dem Bürgen ersetzen muß.

2. Die zuvor beschriebene Wirkung der Streitverkündung für den Kausalregreß des Bürgen gegen den Hauptschuldner ist unzweifelhaft. Ergibt sich auch eine Wirkung für den *Zessionsregreß* des Bürgen?

Gegenüber dem Zessionsregreß kann der Hauptschuldner gewöhnlich einwenden, er schulde dem Gläubiger nichts und deshalb habe keine Forderung auf den Bürgen übergehen können. Ob der Hauptschuldner dem Gläubiger etwas schuldet, wird aber als *Vor*frage im Prozeß Gläubiger-Bürge geprüft: Bewirkt die Streitverkündung des Bürgen, daß diese Vorfragenbeurteilung seinem späteren Zessionsregreß zugute kommt?

a) Ist der Zessionsregreß ein „Anspruch auf Schadloshaltung oder Gewährleistung gegen einen Dritten", den der Bürge „im Falle des ihm ungünstigen Ausgangs des Rechtsstreits" gegen den Hauptschuldner erheben kann (§ 72 Abs. 1 ZPO)?

b) Erfaßt die Streitverkündungswirkung auch die Beurteilung von Vorfragen?

Zu a):

Ein *„Anspruch auf Schadloshaltung* gegen einen Dritten" liegt nicht nur im Falle eines Schadensersatz- oder Aufwendungsersatzanspruches vor: In § 72 ZPO heißt es gerade nicht „Schadensersatzanspruch", sondern „Anspruch auf Schadloshaltung". Dies ist dem schlichten Wortsinn nach jeder Anspruch, mit dem jemand den Ausgleich eines Nachteiles erreichen kann. Demgemäß muß im Falle des vom Gläubiger verklagten Bürgen als Anspruch auf Schadloshaltung jeder Anspruch gelten, mit dem der Bürge das, was er im Falle des Obsiegens des

Gläubigers verliert, von einem Dritten wieder hereinholen kann. Das trifft auf den Zessionsregreß zu: dieser geht gerade soweit, wie der Bürge den Gläubiger befriedigt, nur insoweit geht die Forderung auf den Bürgen über (§ 774 Abs. 1 Satz 1 BGB).

Auch sonst wird der Begriff des „Anspruchs auf Schadlosigkeit" eher ausdehnend als eng ausgelegt[256]: Ist ungewiß, wer von mehreren Personen für einen Unfall ersatzpflichtig ist (sogenannte alternative Schuldnerschaft), so braucht der Kläger nach allgemeiner Meinung[257] nur einen von ihnen zu verklagen und kann dem anderen den Streit verkünden; er ist nicht gezwungen, beide zu verklagen (und den Prozeß gegen einen zu verlieren!).

Daß eine Partei „im Falle des ihr ungünstigen Ausgangs des Rechtsstreits" einen Anspruch gegen einen Dritten erheben zu können glaubt, setzt nicht voraus, daß die Entstehung oder Nichtentstehung des Anspruchs *nur* vom Unterliegen abhängt: es genügt, daß das Unterliegen eine von mehreren Bedingungen ist[258]. Deshalb ist es unschädlich, daß der Zessionsregreß nicht nur vom Unterliegen des Bürgen gegenüber dem Gläubiger, sondern auch von der Befriedigung des Gläubigers durch den Bürgen (vgl. § 774 Abs. 1 S. 1 BGB) abhängt.

Zu b):

Daß das Bestehen der Gläubigerforderung und ihre Höhe im Prozeß Gläubiger-Bürge nur eine *Vorfrage* darstellt, hindert die Streitverkündungswirkung (§§ 74 Abs. 3, 68 ZPO) nicht: Die Bindungswirkung des § 68 ZPO erfaßt nach heute einhelliger Auffassung[259] (im Gegensatz zur Rechtskraft) auch die Beurteilung von Vorfragen.

c) Die Streitverkündigungswirkung wird schließlich auch nicht dadurch gehindert, daß — s. S. 23 ff. — für den Zessionsregreß der ordentliche Rechtsweg nicht gegeben ist. § 72 ZPO ist nicht auf „zivilprozessuale Ansprüche auf Schadloshaltung" beschränkt[260].

---

[256] Der ZPO-Entwurf 1969 (BT-Drucks. VI/790, S. 2 Art. I Nr. 3) sieht sogar eine Streichung der Worte „auf Gewährleistung oder Schadloshaltung" vor.

[257] *RGZ* 77, 360 (365) und 79, 81 (83 f.): Verletzung der Streupflicht durch Stadt oder Anlieger; *RGZ* 130, 297 (299): Zweifel, wer von mehreren Versicherern zahlungspflichtig ist; *BGHZ* 8, 72 (80): Amtspflichtverletzung von Stadt, Land oder Kreis; vgl. ferner *BGHZ* 16, 217 (228 f.); 65, 127 (131); *Häsemeyer* ZZP 84 (1971), 179 (183 ff., 195 ff.) sowie die Kommentare und Lehrbücher z. B. *Stein / Jonas / Leipold* § 72 Rdnr. 14 (S. 194); *A. Blomeyer* § 113 I 1 (S. 627 oben).

[258] Das wird zwar nirgendwo ausdrücklich ausgesprochen, aber auch nirgends das Gegenteil vertreten.

[259] *BGHZ* 8, 72 (82 m. w. N.); 36, 212 (215 unten); *BGH* NJW 1969, 1480 (1481 unter c m. w. N.); *Stein / Jonas / Leipold* § 68 Rdnr. 5; *Thomas / Putzo* § 68 Anm. 3 b; *Baumbach / Lauterbach / Albers / Hartmann* § 68 Anm. 1 A; *Häsemeyer* ZZP 84 (1971), 179 (192 f.); *Schwab* ZZP 77 (1964), 124 (144 bei Fußn. 155); *Stahl* S. 122 (bei Fußn. 1).

[260] *Stein / Jonas / Leipold* § 72 Rdnr. 11 (S. 193 unten); *Wieczorek* § 72 Anm. A I b 2 am Ende (S. 221 oben).

3. Nach alledem ist nichts ersichtlich, was die Streitverkündungswirkung hinsichtlich des Zessionsregresses hindern könnte[261]. Die Bindungswirkung der Streitverkündung erstreckt sich also sowohl auf den Kausal- als auch auf den Zessionsregreß.

Eine Streitverkündung erübrigt sich allerdings, wenn der Regreß des Bürgen gegen den Hauptschuldner schon durch die — im folgenden § 8 darzulegende — Wirkung der Steuerfestsetzung hinreichend gesichert ist:

[261] Die Zulässigkeit und Wirksamkeit der Streitverkündung für den Zessionsregreß wird — soweit ersichtlich — nur bei *Förster / Kann* (Die Zivilprozeßordnung, 1. Band, 1913, § 72 Anm. 2 b aa) ausdrücklich bejaht. Im selben Sinne dürfte aber auch *Stein / Jonas / Leipold* (§ 72 Rdnr. 13 S. 194) zu verstehen sein: „Die Pflicht des Dritten kann sich aus dem *Gesetz* ergeben, wie ... bei der Haftung des Hauptschuldners gegenüber dem Bürgen."

§ 8 Wirkung der Steuerfestsetzung auf das Verhältnis Bürge-Hauptschuldner

A. Zahlung des Bürgen nach dem Ende des Festsetzungsverfahrens

I. Das Rechtsnachfolgeprinzip

Die im Verhältnis Steuerfiskus-Steuerschuldner ergangenen rechtskräftigen Urteile sind — wie in § 5 B II 1 b[262] dargelegt — auch im Verhältnis zwischen dem Rechtsnachfolger des Fiskus (dem Bürgen) und dem Steuerschuldner verbindlich: Zahlt der Bürge und wird er somit gemäß § 774 Abs. 1 Satz 1 BGB Rechtsnachfolger des Steuerfiskus, so gilt die vorher im Verhältnis Steuerfiskus-Steuerschuldner bestehende Bindung nun im Verhältnis Bürge-Steuerschuldner.

Dies gilt aber nicht nur für rechtskräftige Urteile, sondern ebenso auch für die behördlichen Akte (Steuerbescheide und Einspruchsentscheidungen), wenn sie bestandskräftig sind. Nicht nur das rechtskräftige Urteil im Finanzprozeß entfaltet Bindungswirkung auf den Zessionsregreß (§ 774 Abs. 1 Satz 1 BGB i. V. m. § 110 Abs. 1 Satz 1 FGO), sondern ebenso eine bestandskräftige Einspruchsentscheidung und ein bestandskräftiger Steuerbescheid. Die Bindung des Zessionars ergibt sich zwar nur für rechtskräftige Urteile ausdrücklich aus dem Gesetz (§ 110 Abs. 1 Satz 1 FGO, § 121 VwGO, § 325 ZPO); dasselbe gilt aber für alle bestandskräftigen Verwaltungsakte[263]. Denn durch die Zession tritt nur ein neuer Gläubiger an die Stelle des bisherigen Gläubigers; eine Inhaltsänderung tritt nicht ein[264]. Der Neugläubiger (hier: Bürge) erwirbt die Forderung in dem Zustand, in dem sie sich im Zeitpunkt des Überganges befindet[265]. Die zwischen Schuldner und Altgläubiger (Fiskus) bestehenden Bindungen (Ausschluß von Einwendungen, soweit verbindlich entschieden ist) wirken nun — gleichgültig, ob sie auf rechtskräftigem Urteil oder bestandskräftiger Verwaltungsentscheidung beruhen — zwischen Schuldner und Neugläubiger (Bürge).

Konkret bedeutet das:

Hatte der Steuerschuldner den Steuerbescheid nicht angefochten oder blieben sein Einspruch und/oder seine Anfechtungsklage im Endergeb-

---

262 S. 75.

263 Ebenso *Knöpfle*, Festgabe Maunz 1971, S. 225 ff. (242; vgl. auch S. 245 Fußn. 56 m. w. N.). — Im selben Sinne *von Mutius* VwArch 63 (1972), 87 (91): für eine analoge Anwendung der §§ 110 Abs. 1 S. 1 FGO, 121 VwGO, 325 ZPO auf bestandskräftige Verwaltungsakte.

264 Siehe oben § 2 (S. 23 bei Fußn. 22).

265 Dazu näher unten B I (S. 94 oben).

nis erfolglos, so steht die Grundlage für die Steuererhebung = die Entstehung des Steueranspruchs (§§ 218 Abs. 1, 37 Abs. 1 AO) nun im Verhältnis Bürge-Steuerschuldner fest.

Hatte umgekehrt der Steuerschuldner den Steuerbescheid erfolgreich angefochten, so gilt auch für das Verhältnis Bürge-Steuerschuldner, daß ein Steueranspruch niemals entstanden ist: der Zessionsregreß wäre aussichtslos, da mangels Steueranspruchs eine Zession nicht stattfinden konnte[266].

II. Rechtsnachfolge betrifft nur den Zessionsregreß, Beiladung auch den Kausalregreß

Das vorstehend angewendete Rechtsnachfolgeprinzip gilt aber nur für den Zessionsregreß, denn nur hinsichtlich der zedierten Forderung ist der Bürge Rechtsnachfolger. Soweit der Bürge aus dem Kausalregreß vorgeht, binden ihn die im Verhältnis Steuerfiskus-Steuerschuldner ergangenen Rechtsakte und Entscheidungen nicht.

Vgl. RGZ 69, 422 (423 - 426): die rechtskräftige Abweisung der Klage des Gläubigers gegen einen Gesamtschuldner schützt diesen nur gegen den Zessionsregreß des Mitgesamtschuldners (§§ 426 Abs. 2 BGB, 325 Abs. 1 ZPO), nicht auch gegen den Innenregreß (§§ 426 Abs. 1, 425 Abs. 2 [am Ende] BGB)[267].

Die im Verhältnis Steuerfiskus-Steuerschuldner ergangene Entscheidung erzeugt nur dann auch hinsichtlich des Kausalregresses eine Bindungswirkung, wenn der Bürge im Festsetzungsstreit beigeladen war und dadurch die (sowohl den Zessions- als auch den Kausalregreß erfassende, S. 80 unten) Beiladungswirkung Platz greift.

Ohne Beiladung des Bürgen im Festsetzungsstreit erfaßt die ergangene Entscheidung den Kausalregreß nur in dem Sonderfall, daß die Bürgschaft erst nach bestandskräftigem Abschluß des Festsetzungsverfahrens übernommen wurde: In diesem Fall ist die im Verhältnis Gläubiger-Hauptschuldner ergangene Entscheidung auch maßgeblich für den auf § 670 BGB gestützten Kausalregreß des Bürgen, da er sie in seinem Verhältnis zum Gläubiger gegen sich gelten lassen muß (S. 84) und sie demzufolge darüber befindet, ob seine Zahlung an den Steuerfiskus eine „erforderliche Aufwendung" war.

Außerhalb dieses Sonderfalles erzeugt die im Verhältnis Gläubiger-Hauptschuldner ergehende verbindliche Entscheidung (ohne Beiladung

---

266 Diese Regreßfragen werden den Bürgen in der Regel gar nicht interessieren, wenn der Hauptschuldner gegen den Gläubiger obsiegt hat; denn dann wird der Bürge entweder gar nicht an den Gläubiger zahlen oder seine Zahlung von diesem zurückverlangen, siehe S. 70/71. — Anders aber, wenn er sich hat verurteilen lassen und (nachlässigerweise) nicht dem Hauptschuldner den Streit verkündete: dann sind die Regreßfragen trotz Obsiegens des Hauptschuldners gegen den Gläubiger für den Bürge wichtig.

267 Ebenso *Medicus* § 35 I 1 b Rdnr. 909; *Oertmann* (BGB, Schuldverhältnisse, 4. Auflage 1910) § 426 Anm. 4 e. Vgl. auch *RGZ* 146, 97 (100 f.); 159, 86 (89 oben); *BGH* VersR 1969, 1039; *BVerwG* KStZ 1975, 129 (130 rechts oben).

des Bürgen) Bindungswirkung nur für den Zessionsregreß, nicht auch für den Kausalregreß. Dadurch kann sich ein Unterschied zwischen dem Zessions- und dem Kausalregreß ergeben:

III. Zessionsregreß kann günstiger als Kausalregreß sein

Wenn Bindungswirkung nicht durch Beiladung, sondern nur durch Rechtsnachfolge in Betracht kommt, kann sich ein Unterschied zwischen dem Zessions- und dem Kausalregreß ergeben:

Wurde der Bürge[268] im Festsetzungsstreit nicht beigeladen[269] und zahlt er nach Bestandskraft des Steuerbescheides, so kommt ihm kraft § 774 Abs. 1 Satz 1 BGB in Verbindung mit dem Rechtsnachfolgeprinzip die Wirkung des Steuerbescheides zugute, soweit er aus dem Zessionsregreß gegen den Hauptschuldner vorgeht (Steuerprozeß zwischen Privatpersonen). Soweit er hingegen aus dem Kausalregreß vorgeht (Zivilprozeß), entfaltet der Steuerbescheid keine Bindungswirkung.

Bedeutsam ist dieser Unterschied, wenn der bestandskräftige Steuerbescheid rechtswidrig ist, weil in Wirklichkeit ein Steueranspruch nicht oder nicht in dieser Höhe entstanden ist: Dann verspricht der Zessionsregreß des Bürgen gegen den Hauptschuldner Aussicht auf Erfolg, der Kausalregreß hingegen wäre aussichtslos (sofern davon ausgegangen werden kann, daß der Zivilrichter die Rechtswidrigkeit erkennt).

Nur dann wäre auch der Zessionsregreß aussichtslos, wenn dem Bürgen bekannt war, daß der Steueranspruch niemals entstanden ist, und er also bewußt eine zwar festgesetzte, aber in Wahrheit nicht bestehende Forderung erfüllte (Rechtsgedanke der §§ 814, 826, 242 BGB).

Dieses Ergebnis[270], daß der Einwand, der Steueranspruch sei nicht entstanden, nur gegen den Kausalregreß, nicht aber gegen den Zessionsregreß zulässig ist, widerspricht nicht § 774 Abs. 1 Satz 3 BGB, der alle Einwendungen aus dem Kausalverhältnis zwischen Haupt-

---

[268] Der sich schon vor dem bestandskräftigen Abschluß des Festsetzungsverfahrens verbürgt haben muß (sonst liegt die auf S. 91 unten engzeilig gedruckte Fallkonstellation vor).

[269] Jegliche Beiladungsmöglichkeit fehlt, wenn der Hauptschuldner den Steuerbescheid nicht anficht und es dadurch weder zu einem Einspruchs- noch zu einem Klagverfahren kommt.

[270] Im Ergebnis ebenso für den Fall eines rechtskräftigen Urteils des Gläubigers gegen den Hauptschuldner: *Bettermann*, Vollstreckung und Rechtskraft, S. 164: „Wenn der Regreßgläubiger die rechtskräftig festgestellte Schuld des Regreßpflichtigen getilgt hat und nun dafür Erstattung verlangt, kann ihm der Regreßschuldner nicht mehr entgegenhalten, er sei zu Unrecht verurteilt worden, der Regreßgläubiger habe eine Nichtschuld getilgt. Denn mit der Tilgung durch den Regreßgläubiger geht die getilgte rechtskräftige Forderung kraft Gesetzes auf ihn über, ...“

schuldner und Bürge auch gegen den Zessionsregreß zuläßt. Denn der Einwand, der Steueranspruch sei nicht entstanden, hat seinen Grund nicht in dem zwischen Hauptschuldner und Bürge bestehenden Kausalverhältnis. Es handelt sich vielmehr um eine Einwendung aus dem Verhältnis Hauptschuldner-Gläubiger, für die § 774 Abs. 1 Satz 3 BGB nicht einschlägig ist.

In Sonderfällen kann also auch außerhalb des § 401 BGB[271] der Zessionsregreß über den Kausalregreß hinausgehen.

B. Zahlung des Bürgen vor dem Ende des Festsetzungsverfahrens

Wenn der Bürge erst nach dem Ende des Festsetzungsverfahrens zahlt (zuvor A), erzeugen die im Verhältnis Gläubiger-Hauptschuldner verbindlichen Entscheidungen kraft des Rechtsnachfolgeprinzips eine Bindungswirkung zumindest hinsichtlich des Zessionsregresses; hinsichtlich des Kausalregresses besteht eine Bindungswirkung nur, wenn der Bürge zum Festsetzungsstreit beigeladen war (oder wenn er die Bürgschaft erst nach dem bestandskräftigen Abschluß des Festsetzungsverfahrens übernommen hatte).

Anders ist die Lage, wenn der Bürge schon vor dem Abschluß des Festsetzungsverfahrens zahlt (etwa deshalb, weil ihm der Steuerbescheid als rechtens erscheint und er die Säumnisfolgen der §§ 233 - 240 AO vermeiden will, die gemäß § 767 Abs. 1 Satz 2 BGB auch den Bürgen treffen):

Eine Bindungserstreckung der erst später im Verhältnis Gläubiger-Hauptschuldner ergehenden Entscheidung auf den Zessionsregreß läßt sich aus dem Rechtsnachfolgeprinzip nicht herleiten (unten I); und die für schwebende Prozesse in §§ 325, 265 ZPO normierte Bindungserstrekkung greift nicht ein (unten II). Eine Bindung ergibt sich nur, wenn der Bürge beigeladen wurde und dadurch die Beiladungswirkung Platz greift (unten III); denn auch über den Rechtsgedanken des „venire contra factum proprium“ oder andere Rechtsfiguren läßt sich keine Bindung konstruieren (unten IV 1 + 2).

I. Keine Bindung aufgrund des Rechtsnachfolgeprinzips

Aus dem Rechtsnachfolgeprinzip läßt sich nicht ableiten, daß die Ergebnisse im Nachfolgezeitpunkt noch schwebender Verfahren den Rechtsnachfolger binden:

---

[271] Zu einem Fall des § 401 BGB siehe § 9 (S. 100 ff.): Konkursvorrecht.

Rechtsnachfolge[272] bedeutet zwar Abhängigkeit von der Rechtsstellung des Rechtsvorgängers. Diese Abhängigkeit betrifft aber nur die Frage des Bestandes des Rechts im Nachfolgezeitpunkt und beschränkt sich auf die in diesem Zeitpunkt bestehenden Bindungen; was die später stattfindende Weiterentwicklung des Rechts betrifft, so besteht keine Abhängigkeit des Nachfolgers vom Vorgänger. Nach Rechtsnachfolge eintretende Verbesserungen oder Verschlechterungen der Rechtsstellung des Rechtsvorgängers (hier: des Fiskus) berühren die Position des Rechtsnachfolgers (hier: des Bürgen) nicht.

Deshalb kann dann, wenn der Bürge den Gläubiger bereits befriedigt hat, die im Verhältnis Gläubiger-Hauptschuldner ergehende Entscheidung den Zessionsregreß des Bürgen nicht mehr berühren.

Zahlt der Bürge also noch vor dem bestandskräftigen Abschluß des Festsetzungsverfahrens mit der Folge des Rechtsüberganges gemäß § 774 Abs. 1 Satz 1 BGB, so kann eine Bindungserstreckung der späteren Entscheidung auf das Verhältnis Bürge-Hauptschuldner nicht aus dem Rechtsnachfolgeprinzip hergeleitet werden.

II. Keine Bindung aus §§ 325, 265 ZPO

Auch aus §§ 325, 265[273] ZPO i. V. m. § 155 FGO ergibt sich keine Bindungswirkung des schwebenden Festsetzungs(-Rechtsmittel-)verfahrens[274] auf das Verhältnis Bürge-Hauptschuldner:

Die in § 325 ZPO normierte Bindung des Rechtsnachfolgers auch an die Ergebnisse der im Nachfolgezeitpunkt noch schwebenden Verfahren ist keine Ausprägung des Rechtsnachfolgeprinzips, da dieses nur eine Bindung an die Ergebnisse bereits abgeschlossener Verfahren hergibt (zuvor I). Soweit § 325 ZPO den Rechtsnachfolger auch an die Ergebnisse noch schwebender Verfahren bindet[275], läßt er sich nur als Ergänzung zu § 265 ZPO rechtfertigen, gemäß dessen Abs. 2 Satz 1 der Verlust der Aktiv- oder Passivlegitimation „auf den Prozeß keinen Einfluß hat“: Nicht nur prozeßökonomische Gründe, sondern auch die Interessenlage[276] fordern die Bindungserstreckung auf den Rechtsnachfolger: dem Gegner ist die Fortsetzung

---

272 Zum folgenden vgl. *Bettermann*, Vollstreckung und Rechtskraft, S. 63/64 unter III 2.

273 § 265 ZPO gilt über seinen Wortlaut hinaus („veräußern“ und „abtreten“) anerkanntermaßen grundsätzlich auch für den gesetzlichen Forderungsübergang (hier: § 774 Abs. 1 Satz 1 BGB): *BGH* NJW 1963, 2067 (unter II); *RGZ* 121, 379 (381); *Stein / Jonas / Schumann / Leipold* § 265 Anm. III 2 m. w. N. (S. 1065); *Bettermann*, Vollstreckung und Rechtskraft, S. 66 oben.

274 Ausdruck entlehnt aus *RFHE* 21, 9 (16).

275 Zum folgenden *Bettermann*, Vollstreckung und Rechtskraft, § 9 (S. 65 bis 71); *A. Blomeyer* § 92 III 1 a + b, S. 484 f.

276 Im einzelnen siehe *Bettermann* ebd. S. 66 f.

des Prozesses mit dem Rechtsvorgänger nur zumutbar, wenn die zu seinen Gunsten ergehende Entscheidung auch gegen den Rechtsnachfolger wirkt; und dem Rechtsnachfolger ist der Ausschluß von der Prozeßführung (anders nur mit Zustimmung des Gegners, § 265 Abs. 2 Satz 2 ZPO) nur zumutbar, wenn die zugunsten des Vorgängers ergehende Entscheidung auch für ihn (= den Rechtsnachfolger) wirkt.

Weil der „Rechtshängigkeitstatbestand“ des § 325 ZPO nur aus § 265 ZPO zu rechtfertigen ist, kann er auch nur in solchen Fällen Anwendung finden, in denen auch § 265 ZPO Platz greift. Da § 265 ZPO den Verlust der Aktiv- oder Passivlegitimation voraussetzt, kann auch § 325 ZPO nur in Fällen des Legitimationsverlustes angewendet werden; § 325 ZPO ist also einengend auszulegen[277].

Wenn der Bürge zahlt und die Steuerforderung auf ihn übergeht, findet jedoch gerade kein Legitimationsverlust statt: Wie auf Seite 62 bis 64 dargelegt, bleibt die Steuerfestsetzung den bisherigen Parteien zugeordnet, sie bleiben zur Führung des Rechtsstreits legitimiert (Spaltung von verfahrensrechtlicher und materiell-rechtlicher Position). Mangels Legitimationsverlustes kann also das Ergebnis des schwebenden Festsetzungs(-Rechtsmittel-)verfahrens[274] nicht kraft der §§ 325, 265 ZPO eine Bindungswirkung im Verhältnis Bürge-Hauptschuldner erzeugen.

Dies vermag nicht in Zweifel gezogen zu werden durch den Hinweis darauf, daß die herrschende Meinung nicht den vollen Rechtsübergang für §§ 325, 265 ZPO voraussetzt, sondern „eine Übertragung oder einen Erwerb minderen Rechts“ als genügend erachtet[278] und beim Rechtsübergang auf den Bürgen ja immerhin die materiell-rechtliche Position übergeht. Erforderlich für §§ 325, 265 ZPO ist immer, daß aufgrund des (ganzen oder partiellen) Rechtsüberganges „an sich“ die Prozeßführungslegitimation entfällt (und nur durch § 265 ZPO aufrechterhalten bleibt). Im Falle des Rechtsüberganges auf den Bürgen bleibt jedoch gerade die Prozeßführungslegitimation von vornherein dem Fiskus erhalten (es tritt schon „ab ovo“ eine Spaltung von materiellrechtlicher und verfahrensrechtlicher Position ein, s. S. 63 f.), so daß für eine Anwendung des § 265 ZPO kein Raum ist.

Aus §§ 325, 265 ZPO kann also nicht hergeleitet werden, daß das Ergebnis des schwebenden Festsetzungs(-Rechtsmittel-)verfahrens eine Bindung im Verhältnis Bürge-Hauptschuldner erzeugt.

---

277 *Bettermann* ebd. S. 71 oben.

278 Zitat aus *RGZ* 121, 379 (381). — Ebenso *RGZ* 20, 420 (422); 82, 35 (38) = JW 1913, 655; *Schwab* ZZP 77 (1964), 124 (146); *Rosenberg / Schwab* § 157 II 5 und III 2 a *α* (S. 884, 885); *Redeker / von Oertzen* § 121 Rdnr. 6. — Insbesondere genüge auch die Belastung der streitbefangenen Sache: *A. Blomeyer* § 92 III 1 b (S. 485); ebenso *Calavros* S. 62.

III. Bindung kraft Beiladung

Allem Anschein nach kann die Entscheidung, die in dem im Nachfolgezeitpunkt noch schwebenden Festsetzungs-(Rechtsmittel-)Verfahren ergeht, nur dann im Verhältnis Bürge-Hauptschuldner Bindungswirkung erzeugen, wenn der Bürge zum Anfechtungsstreit beigeladen wurde und dadurch die Beiladungswirkung[279] Platz greift.

Soweit sich keine Beiladungswirkung ergibt, könnte sich demnach das zwischen Gläubiger und Hauptschuldner schwebende Festsetzungs-(Rechtsmittel-)Verfahren nach Zahlung des Bürgen nicht mehr auf das Verhältnis Bürge-Hauptschuldner auswirken. Wenn der Bürge nicht beigeladen ist und gezahlt hat, könnten also dem Hauptschuldner durch nachlässige Prozeßführung keine Nachteile gegenüber dem Bürgen erwachsen: Der Hauptschuldner könnte also z. B. getrost seinen Einspruch oder seine Anfechtungsklage zurücknehmen, ohne Nachteile befürchten zu müssen.

Ob dieses Ergebnis sachgerecht ist, erscheint aber sehr fraglich:

IV. Bindung auch ohne Beiladung?

Wäre es nicht ein widersprüchliches und deshalb unzulässiges Verhalten, wenn der Hauptschuldner gegenüber dem Gläubiger z. B. seinen Einspruch oder seine Anfechtungsklage zurücknimmt (wodurch der Steuerbescheid bestandskräftig wird) und dann gegenüber dem Bürgen doch die Entstehung der Steuerschuld bestreiten wollte? Muß ihm solches Bestreiten nicht kraft des Rechtsgedankens des „venire contra factum proprium nulli conceditur“ verwehrt sein? (= unten 1). Oder gibt es nicht vielleicht andere „Rechtskonstruktionen“, aufgrund derer das Ergebnis des Verfahrens Gläubiger-Hauptschuldner doch noch Wirkung im Verhältnis Bürge-Hauptschuldner entfaltet? (= unten 2).

1. Bindung kraft „venire contra factum proprium“?

Dem Hauptschuldner, der den Steuerbescheid des *Steuerfiskus* bestandskräftig werden läßt (sei es durch Rücknahme oder Nichteinlegung von aussichtsreichen Rechtsmitteln oder durch sonstwie kausales zurechenbares Verhalten), aufgrund des Rechtsgedankens des „venire contra factum proprium nulli conceditur“[280] Einwendungen gegenüber dem *Bürgen* abschneiden zu wollen, unterliegt aber

---

[279] Siehe oben § 5 C (S. 78 - 81).

[280] Zu diesem Rechtsgedanken vgl. die Kommentare zu § 242 BGB: z. B. *Staudinger / Weber* Anm. D 323 ff.; *Palandt / Heinrichs* Anm. 4 C e; *Erman / Sirp* Rdnr. 79. — Zur Anwendbarkeit im Steuerrecht: *Erman / Sirp* Rdnr. 41 m. w. N.; *Palandt / Heinrichs* Anm. 3 b m. w. N.

schweren Bedenken: Müssen nicht der Adressat des früheren und der des späteren Verhaltens ein- und dieselbe Person sein?

In der Tat ist davon „auszugehen, daß ein Treueverstoß in der Beziehung zwischen zwei Personen wurzelt und die sich ergebende Begrenzung auch nur im Verhältnis zwischen diesen Personen wirksam wird“[281]. Einem Dritten (hier: dem Bürgen) kommt die sich ergebende Begrenzung nur[282] zugute, soweit er seine Rechtsstellung von dem durch die Begrenzung Begünstigten ableitet[283]. Was den Zessionsregreß betrifft, so leitet der Bürge in der Tat seine Rechtsstellung vom Fiskus ab, nämlich kraft Rechtsnachfolge; jedoch lag die Bestandskraft des Steuerbescheides und die dadurch im Verhältnis zum Fiskus eintretende Einwendungsbegrenzung zeitlich später als die Zession und wird deshalb von der Rechtsnachfolge nicht mehr erfaßt (s. S. 94 oben). Ebensowenig wie aus dem Rechtsnachfolgeprinzip selbst kann also aus ihm in Verbindung mit dem Einwand des „venire contra factum proprium“ hergeleitet werden, daß dem Bürgen die gegenüber dem Fiskus eingetretene Einwendungsbegrenzung zugute käme.

Daß der Einwand des „venire contra factum proprium“ in anderen Fällen als solchen der Rechtsableitung[282] zugunsten Dritter wirkt, wird bisher nur vereinzelt befürwortet[284] und kann jedenfalls nicht als herrschende Meinung bezeichnet werden. Zu untersuchen, ob solche Ausdehnung der „Drittwirkung“ des Einwandes des venire contra factum proprium gerechtfertigt ist, kann nicht Aufgabe dieser Untersuchung sein. Insoweit muß diese Abhandlung auf die Berücksichtigung der herrschenden Meinung beschränkt bleiben.

Sonach bleibt als *Ergebnis* festzuhalten: Die einwendungsbegrenzende Wirkung des Steuerbescheides, der erst nach Zahlung des Bürgen bestandskräftig wird, kommt dem Bürgen jedenfalls nicht kraft des Rechtsgedankens des „venire contra factum proprium“ zugute.

2. Sonstige „Rechtskonstruktionen“?

a) Man könnte daran denken, den Bürgen durch eine *Analogie* zur Rechtsfigur der *Abtretung künftiger Forderungen*[285] an das Ergebnis

[281] Sinngemäß zitiert aus *Soergel / Siebert / Knopp* § 242 Rdnr. 176. Im selben Sinne *RGZ* 170, 203 (205); *RG* JW 1936, 249 (250); *Staudinger / Weber* § 242 Anm. D 76 (S. 764 unten); *Wieacker,* Zur rechtstheoretischen Präzisierung des § 242 BGB, 1956, S. 48 - 51. — Unbeachtet und unerwähnt bleibt dieser Grundsatz unerklärlicherweise in *BGH* LM Nr. 40 zu § 242 (Cd) BGB (unter 4).

[282] Außer Betracht gelassen seien die Fälle der sog. Tatbestandswirkung, die hier nicht einschlägig sind: zu solchen Konstellationen siehe *Soergel / Siebert / Knopp* § 242 Rdnr. 177/178.

[283] *Soergel / Siebert / Knopp* § 242 Rdnr. 182; *Staudinger / Weber* § 242 Anm. D 74 (S. 764).

[284] Vgl. *Staudinger / Weber* § 242 Anm. D 76 (S. 764) m. Nachw. zum Streitstand.

des zur Zeit seiner Zahlung noch schwebenden Festsetzungs-(Rechtsmittel-)Verfahrens mit folgenden Argumenten zu binden:

Dem Bürgen, der vor bestandskräftigem Abschluß des Steuerfestsetzungsverfahrens zahle, komme die weitere verfahrensrechtliche Entwicklung der auf ihn übergehenden Steuerforderung (nämlich ihre Entwicklung zu einer bestandskräftig festgestellten — oder aberkannten — Forderung) zugute, — ebenso wie (heute anerkanntermaßen[285]) die abgetretene künftige Forderung dem Zessionar zuwächst.

Mit solcher Konstruktion würden aber die von §§ 325, 265 ZPO gezogenen Grenzen gesprengt: aus diesen Vorschriften ergibt sich eine Bindung des Rechtsnachfolgers an die Ergebnisse noch schwebender Rechtsstreitigkeiten gerade nur für den Fall des Legitimationsverlustes (s. S. 95). Die Grenzen dieses Ausnahmetatbestandes im Wege einer Analogie zur Abtretung künftiger Forderungen zu sprengen, kann schwerlich gebilligt werden; für eine Rechtfertigung solcher Konstruktion sind hinreichende Anhaltspunkte nicht ohne weiteres ersichtlich, so daß sich diese Arbeit nicht mit ihr befassen soll.

b) Der Vollständigkeit halber sei erwähnt, daß sich die Bindungsprobleme auch nicht über *§ 765 Abs. 2 BGB* (Bürgschaft für künftige oder bedingte Verbindlichkeit) lösen lassen: über § 765 Abs. 2 BGB lassen sich nur Weiterungen für das Verhältnis Gläubiger-Bürge erreichen.

Für das Verhältnis *Bürge-Hauptschuldner* müßte man schon auf das zwischen ihnen bestehende Vertragsverhältnis zurückgreifen: Dieses aber läßt sich in der Regel nicht dahin auslegen, daß alle im Verhältnis Gläubiger-Hauptschuldner ergehenden Entscheidungen auch im Verhältnis Bürge-Hauptschuldner verbindlich sein sollen. Eine solche Auslegung könnte wohl nur ganz ausnahmsweise Platz greifen, wenn der Vertrag zwischen Bürge und Hauptschuldner dafür greifbare Anhaltspunkte ergäbe[286].

Auch der Gesichtspunkt der *„positiven Forderungsverletzung“* hilft schwerlich weiter: Bindungswirkungen, die andere Rechtsinstitute nicht entfalten, über das Rechtsinstitut der positiven Forderungsverletzung konstruieren zu wollen, geht kaum an; dies würde ja voraussetzen, daß es eine Pflichtverletzung darstellt, wenn jemand Rechtsstreitigkeiten, deren Ausgang an sich für niemanden mehr rechtlich relevant ist, nachlässig führt!?

c) Mit diesen skizzenhaften Ausführungen soll es sein Bewenden haben: Allem Anschein nach wird der Bürge nur dann an das Ergebnis eines im Rechtsnachfolgezeitpunkt noch schwebenden Verfahrens Steuerbehörde-Hauptschuldner gebunden, wenn er beigeladen wurde.

---

[285] Zu dieser Rechtsfigur vgl. *BGHZ* 71, 75 (78 m. w. N.) sowie die Lehrbücher und die Kommentare zu § 398 BGB: z. B. *Larenz*, Schuldrecht AT, § 34 III; *Palandt / Heinrichs* Anm. 3 c; *Erman / Westermann* Rdnr. 11 ff.

[286] So wie auch der Bürgschaftsvertrag Gläubiger-Bürge nur ausnahmsweise dahin zu verstehen ist, daß jedes im Verhältnis Gläubiger-Hauptschuldner ergehende Urteil auch für das Verhältnis Gläubiger-Bürge verbindlich ist (vgl. *BGH* NJW 1975, 1119, 1121 und *BGHZ* 69, 270, 272 oben m. w. N. zu einer im Verlaufe eines Prozesses übernommenen Bürgschaft).

Ohne Beiladung des Bürgen entfalten die Entscheidungen, die in den im Nachfolgezeitpunkt noch schwebenden Verfahren ergehen, keine Bindungswirkung im Verhältnis Bürge-Hauptschuldner, weder zugunsten noch zu Lasten des Bürgen.

C. Ergebnis

1. Zahlt der Bürge erst nach dem bestands- bzw. rechtskräftigen Abschluß des Steuerfestsetzungs-(Rechtsmittel-)Verfahrens, so ist die verfahrensabschließende Entscheidung auch für den Zessionsregreß des Bürgen gegen den Hauptschuldner maßgeblich (oben A I).

Für den Kausalregreß ist sie nur dann maßgeblich, wenn der Bürge zum Anfechtungsstreit beigeladen wurde oder wenn er die Bürgschaft erst nach Verfahrensabschluß übernommen hatte (oben A II).

So kann der Zessionsregreß z. B. infolge eines bestandskräftigen Steuerbescheides günstiger als der Kausalregreß sein (oben A III).

2. Zahlt der Bürge vor dem bestandskräftigen Abschluß des Festsetzungsverfahrens, so kann die (spätere) verfahrensabschließende Entscheidung (nur) durch die Beiladung des Bürgen für dessen Regreß gegen den Hauptschuldner maßgeblich werden (oben B I - IV).

§ 9 Ist im Konkurs des Steuerschuldners der Zessionsregreß günstiger als der Kausalregreß?

Auf Seite 92 wurde ein Fall behandelt, in dem der Zessionsregreß infolge eines bestandskräftigen Steuerbescheides in Verbindung mit dem Rechtsnachfolgeprinzip für den Bürgen günstiger ist als der Kausalregreß. Ebenfalls günstiger ist der Zessionsregreß, wenn der übergehenden Forderung Sicherungs- und Vorzugsrechte im Sinne des § 401 BGB anhaften, da diese dem privatrechtlichen Regreßanspruch nicht zukommen[287]:

Von großer praktischer Wichtigkeit ist der Fall des Konkurses des Steuerschuldners: Das Konkursvorrecht, das gemäß § 61 Abs. 1 Nr. 2 KO den im letzten Jahr vor der Konkurseröffnung fällig gewordenen Abgabenforderungen[288] anhaftet, geht nach herrschender Meinung[289] mit der Abgabenforderung auf den Bürgen über (§§ 774 Abs. 1 Satz 1, 412, 401 Abs. 2 BGB). Da es dem privatrechtlichen Regreßanspruch des Bürgen nicht zukommt[287], ist auf der Grundlage der herrschenden Meinung im Konkurs des Hauptschuldners (sofern die Voraussetzungen des § 61 Abs. 1 Nr. 2 KO erfüllt sind) der Zessionsregreß für den Bürgen günstiger als der Kausalregreß.

Diese herrschende Meinung, die das Konkursvorrecht auf eine Privatperson übergehen läßt, ist aber nicht unbedenklich: Ist es nach seinem Inhalt und Zweck wirklich eine Rechtsposition, die mit der Forderung übergehen kann, oder ist es nicht vielmehr ein höchstpersönliches, steuerfiskalisches Privileg, das Privaten nicht zukommen kann?

A. Geht das Konkursvorrecht des § 61 Abs. 1 Nr. 2 KO auf Private über?

Ob das Konkursvorrecht des § 61 Abs. 1 Nr. 2 KO eine übergangsfähige Rechtsposition oder ein höchstpersönliches Fiskusprivileg ist, ist durch die *Konkursordnung* nicht entschieden worden, wie das Reichsgericht in seinem vorzüglichen Urteil RGZ 3, 34 (von 1880!) aus-

---

[287] s. S. 19 oben. — Abzulehnen ist die Konstruktion von *Rimmelspacher:* s. S. 19 Fußn. 3.

[288] Dazu zählen auch Zollforderungen (arg. § 49 Abs. 1 Nr. 1 KO): unstreitig, vgl. z. B. *Mentzel / Kuhn* § 61 Rdnr. 52; *Hübschmann / Hepp / Spitaler / Schwarz* § 251 AO Rdnr. 67.

[289] Nachweise S. 102 bei und in Fußn. 292.

geführt hat. Dieses Urteil wird häufig nicht hinreichend beachtet; dessen einschlägige Passagen werden deshalb wörtlich wiedergegeben:

Zwar wird in den Motiven zum Entwurf der Konkursordnung „gerade bei dem Vorrechte unter Nr. 2 des § 54 (heute: § 61 KO) nachdrücklich hervorgehoben, daß dasselbe ... gar nicht vom fiskalischen Standpunkte angezeigt sei, sondern lediglich aus Rücksicht auf die Verkehrsbedürfnisse, welche durch die den Steuerpflichtigen (und mittelbar auch ihren Gläubigern überhaupt) günstigen Kreditgewährungen gefördert würden ... Bei der gekennzeichneten Fassung des Gesetzes und dem Inhalt der Motive seines Entwurfes ermangelt der Schluß jeder Stringenz, daß nach dem Willen der Reichskonkursordnung die im § 54 (heute: § 61 KO) unter Nr. 1 bis 5 bestimmten Vorrechte unbedingt an die Person des ursprünglichen Inhabers der bevorrechteten Forderungen gebunden seien. Verhältnismäßig wichtigere Gründe würden aus den gekennzeichneten Voraussetzungen für eine reichskonkursrechtliche Norm gerade entgegengesetzten Inhalts entfließen. Bei sorgfältiger Prüfung wird man indessen auch diesen Schluß als zu gewagt bezeichnen und sich begnügen müssen, erstens mit der Feststellung, daß die Vorrechte bestimmten Forderungen verliehen sind, welche zu ihrer Entstehung gewisse persönliche Eigenschaften ihres ursprünglichen Inhabers voraussetzen und ihrem sachlichen Wesen nach objektiv mit öffentlichen Interessen auf das innigste verknüpft sind, zweitens mit dem Ergebnis, daß sich aus dieser Voraussetzung in überzeugender Weise weder herleiten lasse, daß reichskonkursrechtlich der Erwerb der erwähnten Vorrechte durch einen anderen, als den ursprünglichen Forderungsinhaber, unbedingt untersagt, noch daß reichskonkursrechtlich bestimmt sei, das Vorrecht solle jedem Inhaber jener Forderungen zustehen, oder doch auf jeden späteren Inhaber übertragbar sein." ... „Das gänzliche Fehlen von ausdrücklichen Bestimmungen in der Reichskonkursordnung spricht schon für sich allein dafür, daß der Gesetzgeber gerade mit Rücksicht auf den Zwiespalt der angeblich rationellen Auffassungen und der mannigfachen Unterschiede der positiven Bestimmungen der bürgerlichen Landesrechte sich in bewußter Weise (zur Zeit) eine Selbstbeschränkung auferlegt, und vorläufig (d. h. bis zur künftigen umfassenden Regelung dieser Materie in dem künftigen Gesetzbuche über das einheitliche bürgerliche Recht des Deutschen Reiches) *diese Materie* in allen oben berührten Richtungen *der Herrschaft des bürgerlichen Rechtes ... belassen* hat, namentlich also der Herrschaft derjenigen Normen, welche ... in Bezug auf Wesen und Übergang solcher Vorrechte bestehen, die einer Forderung mit Rücksicht auf ihre (den Vorrechtsschutz verdienende) sachliche Bedeutung (wenngleich mit Rücksicht auf persönliche Eigenschaften ihres ursprünglichen Inhabers) gewährt sind[290]."

Sucht man gemäß dem Hinweis des Reichsgerichts im *bürgerlichen Recht*, so zeigt sich, daß das BGB davon ausgeht, daß „mit der Forderung für den Fall ... des Konkurses verbundene Vorzugsrechte" (§ 401 Abs. 2 BGB) grundsätzlich übergehen können. Für die Vorzugsrechte der Hoheitsträger (§§ 49 Abs. 1 Nr. 1, 61 Abs. 1 Nr. 2 KO) besteht keine besondere Regelung; auch die Materialien zum BGB[291] ergeben inso-

[290] Zitat aus *RGZ* 3, 31 (38/39 und 41) (Hervorhebungen vom Verfasser).

[291] Vgl. *Motive zum BGB*, S. 124 f. und Protokolle, S. 777 - 779 und S. 4795, abgedruckt in *Mugdan*, Band II, S. 68 f. u. S. 574.

weit nichts; auch Inhalt und Zweck der in §§ 49 Abs. 1 Nr. 1, 61 Abs. 1 Nr. 2 KO normierten Vorzugsrechte ergeben keine augenfälligen Unterschiede zu den übrigen Vorzugsrechten.

Unter dem Vorbehalt, daß eine Detailanalyse hier nicht geleistet werden kann, wird man folgern dürfen, daß der in § 401 Abs. 2 BGB zum Ausdruck gekommene Grundsatz der Übergangsfähigkeit der Vorzugsrechte *alle* Vorzugsrechte betrifft und also alle Vorzugsrechte einschließlich der in §§ 49 Abs. 1 Nr. 1, 61 Abs. 1 Nr. 2 KO normierten übergehen können.

Demnach ergibt sich die Schlußfolgerung, daß das Vorrecht des § 61 Abs. 1 Nr. 2 KO in der Tat kein höchstpersönliches Fiskusprivileg, sondern eine übergangsfähige Rechtsposition ist.

In diesem Sinne formuliert die ständige Rechtsprechung, daß das Konkursvorrecht des § 61 Abs. 1 Nr. 2 KO zwar „auf Umstände zurückgeht, die in der Person des ursprünglichen Gläubigers begründet waren; trotzdem haftet es nicht der Person, zu deren Gunsten es geschaffen worden ist, sondern der Forderung an und geht auf den neuen Gläubiger über". — So RGZ 135, 25 (32); BGHZ 3, 135 (138)[292].

Von diesem Ausgangspunkt aus ergibt sich, daß im Konkurs des Hauptschuldners (sofern die Voraussetzungen des § 61 Abs. 1 Nr. 2 KO erfüllt sind) dem Zessionsregreß des Bürgen (§§ 774 Abs. 1, 412, 401 Abs. 2 BGB i. V. m. § 61 Abs. 1 Nr. 2 KO) ein günstigerer Rang zukommt als seinem Kausalregreß (§ 61 Abs. 1 Nr. 6 KO).

B. Steuerprozeß oder Zivilprozeß für Vorrechtsstreit?

Der Klärung bedarf noch, ob der Bürge die Feststellung seines Konkursvorrechts — wenn es im Konkursverfahren streitig bleibt (vgl. § 146 KO) — im Wege eines Steuerprozesses (Finanz- oder Verwaltungsrechtsweg) oder im Wege eines Zivilprozesses betreiben muß[293]: Der Finanz- bzw. Verwaltungsrechtsweg ist (nur) dann gegeben, wenn

---

[292] Vgl. außerdem die folgenden Entscheidungen, die vom Übergang des Vorrechts ausgehen, ohne daß die abgedruckten Entscheidungsgründe Ausführungen zur Übergangsproblematik enthalten: *RGZ* 67, 214 (221); 70, 405 (406 oben); 136, 40; 146, 317 (319); *BGHZ* 39, 319 (323); *BGH* NJW 1973, 1077 f.; vgl. auch *BGHZ* 34, 293 (298) (betr. Sozialversicherungsbeiträge, § 28 Abs. 3 RVO a. F. = § 61 Abs. 1 Nr. 1 e KO).

Ebenso heute allgemeine Meinung im Schrifttum: vgl. z. B. *Jaeger / Lent* § 61 Rdnr. 11; *Böhle-Stamschräder* § 61 Anm. 2; *Menzel / Kuhn* § 61 Rdnr. 2 u. 64; *Tipke / Kruse* § 192 AO Rdnr. 3; *Hübschmann / Hepp / Spitaler / Schwarz* § 251 AO Rdnr. 64.

Früher streitig: der Vorrechtsübergang wurde bejaht von z. B. *Fritz Werner* VwArch 44 (1939), 273 (294), hingegen abgelehnt von z. B. *Bühler* S. 223 bei Fußn. 3 und *Guthmann* S. 34 - 37.

[293] Klagegegner ist gemäß § 146 Abs. 1 KO der Bestreitende, also entweder der Konkursverwalter oder ein Konkursgläubiger (§ 144 Abs. 1 KO).

— *erstens* der Streit über das Konkursvorrecht ebenso wie der Streit um die Steuerforderung (S. 23 ff.) *öffentlich-rechtlicher (steuerrechtlicher) Natur* ist und

— *zweitens keine* den § 146 Abs. 5 KO (i. V. m. § 33 FGO bzw. § 40 Abs. 1 VwGO) ausschließende *Sonderzuweisung in den Zivilrechtsweg* für Vorrechtsstreitigkeiten besteht.

Diese beiden Fragen, die Frage der Rechtsnatur (unten 1.) und die der Rechtswegzuweisung (unten 2./3.), müssen auseinandergehalten werden[294]. Ihre Beantwortung erfolgt zweckmäßigerweise zunächst (I) für den Zeitraum bis zum Forderungsübergang (= solange der Fiskus die Forderung noch in Händen hält) und erst danach (II) für den Zeitraum nach dem Forderungsübergang auf den Bürgen:

I. Rechtslage bis zum Forderungsübergang

In der Beurteilung der Rechtsnatur- und der Rechtswegfrage hat sich in der Rechtsprechung ein Wandel vollzogen:

1. Entgegen Rechtsprechung bis 1953 kein privatrechtlicher Charakter

Bis zum Jahre 1953 waren sich die ordentlichen Gerichte und die Finanzgerichte darin einig, daß das einer öffentlich-rechtlichen Forderung anhaftende Vorrecht privatrechtlicher Natur und demgemäß von den ordentlichen Gerichten festzustellen sei.

So RGZ 116, 368 (370); 135, 25 (32); 140, 307 (308); RG JW 1933, 2518; RFHE 20, 240; BFHE 57, 282 (283) = BStBl. III 1953, 111[295].

Die Argumente dieser Rechtsprechung waren:

(a) „Das Vorrecht finde seine Grundlage nicht im öffentlichen Recht, sondern im privaten Konkursrecht; die in § 61 KO getroffene Regelung der Konkurrenz der Konkursgläubiger untereinander durch Aufstellung einer bestimmten Rangordnung gehöre zum materiellen, dem bürgerlichen Recht zugehörigen Konkursrecht und nicht zum materiellen Steuerrecht oder zum Steuerverfahrensrecht[296].“

---

[294] Im selben Sinne schon *RGZ* 116, 368 (370 oben). — *Robert Lorenz* (NJW 1961, 813, 814 links) und *Otfried Schwarz* (NJW 1958, 1063) halten die Rechtsnatur- und Rechtswegfrage nicht genug auseinander, wenn sie dem *BGH* (NJW 1954, 31, s. S. 107 unten) einen „Bruch der Argumentation“ oder einen „circulus vitiosus“ vorwerfen.

[295] Vgl. außerdem die folgenden Entscheidungen, in denen der ordentliche Rechtsweg für zulässig erachtet wird, ohne daß die abgedruckten Entscheidungsgründe Ausführungen zur Rechtsnatur- und Rechtswegproblematik enthalten: *RGZ* 3, 34; *RG* JW 1891, 416 Nr. 24; *RGZ* 67, 214; 70, 405; 83, 206; 114, 372; 126, 249; 131, 137; 136, 40; 156, 366; *BGH* NJW 1952, 1256 = LM Nr. 1 zu § 61 KO; *BGHZ* 10, 312.

[296] Sinngemäß zitiert aus den zuvor im Text genannten Entscheidungen.

(b) „Die Ausgestaltung des § 61 Abs. 1 Nr. 2 KO (die zeitliche Beschränkung der bevorrechtigten Ansprüche, ihre Einordnung erst an zweiter Stelle in der Rangordnung und die der öffentlichen Hand auferlegte Pflicht zur Teilnahme am Konkursverfahren) schließe die Annahme aus, daß der Staat hier als Hoheitsträger berücksichtigt sei[297]."

(c) Auch „die rechtliche Geschichte (vgl. Begründung des Entwurfs zur Konkursordnung von 1877, S. 237 ff.) verweise dieses Vorrecht in den Zusammenhang des Privatrechts"[297].

Diese Argumente überzeugen jedoch nicht:

Zu (a):

Aus der Verankerung des § 61 Abs. 1 Nr. 2 KO in der Konkursordnung folgt nicht der privatrechtliche Charakter der Vorrechtsstreitigkeit. Denn der gesetzliche Standort einer Norm bestimmt nicht ihren Rechtscharakter[298].

Selbst wenn man aber vom Standort des § 61 KO auf den Rechtscharakter der Vorrechtsstreitigkeiten schließen wollte, so ergäbe das nicht deren privatrechtliche Qualifizierung; denn es ist nicht ersichtlich, warum die Rangordnungsbestimmungen der Konkursordnung allein dem privaten Rechtsbereich angehören sollen[299]. Zwar ist es naheliegend anzunehmen, daß Streitigkeiten über die Rangordnung mehrerer privatrechtlicher Forderungen nur privatrechtlicher Natur sein können, und nicht gänzlich abwegig, auch Streitigkeiten über die Konkurrenz zwischen öffentlich-rechtlichen und privatrechtlichen Forderungen als privatrechtlich anzusehen. Aber wenn der Vorrechtsstreit nur öffentlich-rechtliche Forderungen betrifft (z. B. wenn nur eine Sozialversicherungsbeitragsforderung im Sinne des § 61 Abs. 1 Nr. 1 e KO und eine Einkommensteuerforderung im Sinne des § 61 Abs. 1 Nr. 2 KO zur Konkurstabelle angemeldet und bestritten sind), so wäre es schwerlich zu rechtfertigen, solche Streitigkeiten als privatrechtlich zu qualifizieren. Insoweit muß die Konkurrenzregelung des § 61 KO vielmehr als Ergänzung des öffentlichen Rechts angesehen werden.

Ein ausschließlich privatrechtlicher Charakter kann den Rangordnungsbestimmungen der Konkursordnung demnach nicht beigemessen werden. Aus ihnen kann daher nicht geschlossen werden, Vorrechtsstreitigkeiten müßten privatrechtlicher Natur sein.

Außerdem ist zu bedenken: Sollen Streitigkeiten um Abgabenvorrechte, soweit diese in der Konkursordnung verankert sind, privatrechtlicher Natur, soweit sie in anderen Gesetzeskomplexen verankert sind wie z. B. § 28 Abs. 3 RVO[300], §§ 63, 180 LAG[301], hingegen öffentlich-rechtlicher Natur sein? Dies wäre ein schwerlich akzeptables Ergebnis[302].

---

[297] Sinngemäß zitiert aus *RGZ* 135, 25 (32).

[298] Vgl. S. 25 bei und in Fußn. 28. — Ebenso *Bley* StuW I 1928, Sp. 1095 (1122 unten/1123 oben).

[299] Vgl. *Otfried Schwarz* NJW 1954, 1867 (1868 unter 2).

[300] § 28 Abs. 3 RVO: „Rückstände haben das Vorzugsrecht des § 61 Nr. 1 der Konkursordnung." — Diese Vorschrift ist gestrichen worden und stattdessen § 61 Abs. 1 Nr. 1 KO um den Buchstaben e) erweitert worden (Art. II

Die privatrechtliche Qualifizierung der Vorrechtsstreitigkeit hätte im übrigen die mißliche Folge einer Rechtswegspaltung[303]: Der privatrechtliche Vorrechtsstreit wäre im Wege des Zivilprozesses auszutragen (§ 13 GVG), während für den Streit um Grund und Betrag der öffentlich-rechtlichen Forderung, z. B. einer Realsteuerforderung, der Verwaltungsrechtsweg gegeben wäre.

Die unterschiedliche Qualifizierung des Vorrechtsstreits als privatrechtlich und des Streits um Grund und Betrag der Forderung als öffentlich-rechtlich kann auch nicht damit gerechtfertigt werden, „daß sich die gemäß § 61 Nr. 2 KO bevorrechtigte Steuerforderung zwar gegen den Gemeinschuldner richtet, der Vorrang aber die gleichrangigen und nachrangigen Gläubiger unmittelbar berührt"[304]. Diese Auswirkungen auf die gleich- und nachrangigen Gläubiger haben auch die Entscheidungen über Grund und Betrag der Forderung[305]: Vorrechtsstreit und „Forderungsstreit" berühren beide — wirtschaftlich gesehen — die gleich- und nachrangigen Gläubiger unmittelbar. *Sachlich-rechtlich* ist aber sowohl der Forderung als auch dem Vorrecht auf der Passivseite der Steuerschuldner (Gemeinschuldner bzw. Konkursverwalter) zugeordnet[306] (auch dann, wenn gemäß § 146 KO im Streit um Vorrecht und/ oder Forderung die konkurrierenden Gläubiger die Prozeßparteien sind). Insoweit besteht zwischen dem Streit um Grund und Betrag der Forderung und dem Streit um deren Vorrecht kein Unterschied[307], der eine unterschiedliche Qualifizierung rechtfertigen könnte.

Zu (b):

Der privatrechtliche Charakter der Vorrechtsstreitigkeiten läßt sich auch nicht mit der Begründung rechtfertigen, „der Staat sei in § 61 Abs. 1 Nr. 2 KO nicht *als Hoheitsträger* berücksichtigt"[308].

---

§ 1 Nr. 1 a und § 10 Nr. 2 des Sozialgesetzbuches vom 23. 12. 1976, BGBl. I S. 3845 ff., 3864, 3868).

[301] § 63 Abs. 2 = § 180 Abs. 2 LAG: „Das sich aus § 61 Nr. 2 der Konkursordnung ... ergebende Recht auf bevorzugte Befriedigung wird für die Kreditgewinnabgabe

1. ausgedehnt auf die in den beiden letzten Jahren vor der Konkurseröffnung fällig gewordenen Vierteljahresbeiträge und
2. ... beschränkt auf ..."

[302] Vgl. *Otfried Schwarz* ebd. S. 1868 rechts oben.

[303] Vgl. dazu Fußn. 345.

[304] Zitat aus *BFHE* 82, 678 (684) = BStBl. III 1965, 491 (493) = NJW 1965, 2269 (2271 unten).

[305] *BSGE* 25, 235 (238) = MDR 1967, 340; E 32, 263 (265) = MDR 1971, 791 (792). Ebenso *Bötticher* in Anm. zu BAG AP Nr. 30 zu § 2 ArbGG 1953 Zuständigkeitsprüfung (unter I 2, S. 7 oben).

[306] Vgl. *Otfried Schwarz* FR 1966, 236 (238 nach Fußn. 18 und bei Fußn. 21).

[307] *BSGE* 32, 263 (265) = MDR 1971, 791 (793 unten): allenfalls ein gradueller, kein prinzipieller Unterschied.

[308] Sinngemäß zitiert aus *RGZ* 135, 25 (32).

Solange der Staat die Konkursforderung in Händen hält, ist ebenso wie die Steuerforderung auch ihr Vorrecht ihm als Hoheitsträger zugeordnet. So wie die Forderung betrifft auch das Vorrecht sachlichrechtlich das Verhältnis des Gewaltinhabers zum „gewaltunterworfenen" Steuerschuldner. Weshalb die positiv-rechtliche Ausgestaltung des Vorrechts (die zeitliche Beschränkung der bevorrechtigten Ansprüche, ihre Einordnung erst an zweiter Stelle in der Rangordnung und die der öffentlichen Hand auferlegte Pflicht zur Teilnahme am Konkursverfahren) die Annahme ausschließen sollte, daß es sich auch hinsichtlich des Vorrechts um ein Rechtsverhältnis des Staates als Hoheitsträger handelt, erläutert RGZ 135, 25 (32) nicht näher und ist auch nicht ersichtlich. Eine Unterscheidung dahingehend, daß der Staat hinsichtlich der Steuerforderung Hoheitssubjekt, hinsichtlich des Vorrechts hingegen Privatrechtssubjekt sei, erscheint nicht möglich. Denn anders als z. B. beim *Pfandrecht*, das sich als eine *neben* der Forderung bestehende Machtbefugnis auffassen[309] und daher auch im Falle einer öffentlich-rechtlichen Forderung als privatrechtlich qualifizieren läßt[310], lassen sich Forderung und Vorrecht schwerlich getrennt sehen. In diesem Sinne formuliert die neuere Rechtsprechung zu Recht, daß das *Vorrecht* „kein besonderes neben der Forderung bestehendes Recht ist, sondern es beruht auf dem Rechtsgrund der Forderung, es ist eine der Forderung zugehörige *Eigenschaft*, eine ihr selbst ,innewohnende Kraft', und hat deshalb dieselbe rechtliche Natur wie die Forderung": Das Vorrecht einer öffentlich-rechtlichen Forderung hat also öffentlich-rechtlichen Charakter.

Vgl. BGH NJW 1954, 31 (32)[311]; BGHZ 13, 73 (77); 55, 224 (225/226); 60, 64 (65 unten); BGH NJW 1973, 1077 (1078); vgl. auch BGHZ 34, 293 (298) = WPM 1961, 430 (431)[312] (zu § 61 Abs. 1 Nr. 1 KO). BFHE 66, 527 (528 f.) = BStBl. III 1958, 201 (202)[313]; E 106, 186 (187) = BStBl. II 1972, 737[314]; BSGE 25, 235 (237)[315]; 32, 263 (264)[316]; BAGE 10, 310 (313)[317]; 20, 1 (3)[318].

Zu (c):

Schließlich läßt sich die privatrechtliche Qualifizierung des Vorrechtsstreits auch nicht damit rechtfertigen, „die rechtliche Geschichte (vgl.

---

309 Vgl. *BAGE* 10, 310 (313) = NJW 1961, 847 = AP Nr. 2 zu § 61 KO; *Jaeger / Weber* § 146 Rdnr. 20 (S. 375).

310 Vgl. Fußn. 148.

311 = LM Nr. 2, 3 zu § 61 KO.

312 Dort vollständig abgedruckt.

313 = NJW 1958, 1063 (1064), — zu diesem Urteil vgl. Fußn. 324.

314 Leitsatz auch in NJW 1973, 295 m. ablehnender Anm. von *Rudolf Dietrich*.

315 = MDR 1967, 340.

316 = MDR 1971, 791 (792).

317 = NJW 1961, 847 = AP Nr. 2 zu § 61 KO.

318 = NJW 1967, 2224 = AP Nr. 5 zu § 61 KO mit Anm. *Weber*.

die Begründung des Entwurfs zur Konkursordnung von 1877, S. 237 ff.) verweise dieses Vorrecht in den Zusammenhang des Privatrechts"[319]. Schon die inhaltliche Richtigkeit dieser zur Entstehungsgeschichte getroffenen Feststellung ist zweifelhaft, denn der Entwurfsbegründung läßt sich keine — jedenfalls keine ausdrückliche — Stellungnahme zur privat- oder öffentlich-rechtlichen Qualifizierung des Vorrechts entnehmen. Jedenfalls aber könnte ein solches Argument aus der Entstehungsgeschichte[320] keinen Vorrang beanspruchen vor den anderen — zuvor herausgearbeiteten — Gesichtspunkten, die für eine öffentlich-rechtliche Qualifizierung des Vorrechtsstreits sprechen.

Zwischenergebnis: Im Falle einer öffentlich-rechtlichen Forderung ist nicht nur der Streit um Grund und Betrag der Forderung, sondern auch der Vorrechtsstreit als öffentlich-rechtlich zu qualifizieren[321].

Damit ergibt sich, daß das Konkursvorrecht einer Steuerforderung ebenso wie der Forderungsstreit selbst gemäß § 146 Abs. 5 KO im Verwaltungs- bzw. Finanzrechtsweg auszufechten ist, es sei denn, es bestünde eine *Sonderzuweisung in den Zivilrechtsweg* für Vorrechtsstreitigkeiten:

2. *Entwicklung der Rechtsprechung seit 1953*

a) Öffentlich-rechtlicher Charakter, aber Zivilrechtswegzuweisung (BGH 1953 - 1961 und BFH 1965)

„Daß das Vorrecht eine Eigenschaft des Anspruchs darstellt, die wie dieser nach öffentlichem Recht zu beurteilen ist, wenn der Anspruch selbst öffentlich-rechtlicher Natur ist", räumte erstmals der Bundesgerichtshof in NJW 1954, 31 (32)[311] ein. Er „rettete" aber die Zuständigkeit der ordentlichen Gerichtsbarkeit durch Annahme einer Zivilrechtswegzuweisung:

„Doch hat die Abgabenordnung solche Fälle, in denen bei der Durchsetzung von Steueransprüchen gewisse Kollisionen mit unbeteiligten dritten Personen eingetreten sind, ... der Entscheidung durch die ordentlichen Gerichte zugewiesen (vgl. §§ 328, 346, 370 RAO = §§ 262, 293, 320 AO). Daraus läßt sich der Schluß ziehen, daß derartige Streitigkeiten, wenn dabei öffentliche und private Rechte untereinander konkurrieren, jedenfalls im Bereich der Abgabenordnung allgemein im Rahmen der ordentlichen Gerichtsbarkeit

---

319 Zitat aus *RGZ* 135, 25 (32).

320 Zum Gewicht der historischen Auslegung siehe Fußn. 62.

321 Heute ganz herrschende Meinung: siehe die S. 106 zitierten Entscheidungen sowie *Jaeger / Lent* § 61 Rdnr. 11 (S. 844); *Jaeger / Weber* § 146 Rdnr. 20 (S. 375). — Grundlegend *Erich Bley,* Die Feststellung des Konkursgläubigerrechts, 1914, S. 106 f., und ZZP 51 (1926), 233 (266 f. m. w. N.) sowie StuW I 1928, Sp. 1095 (1122 f.). Ihm folgend *Guthmann* S. 33 f.

Anderer Ansicht in neuerer Zeit soweit ersichtlich nur *Robert Lorenz* NJW 1961, 813 (814 f.); *Rudolf Dietrich* NJW 1973, 295 f.

entschieden werden sollen, so daß auch über das Vorrecht von Steuerforderungen gegenüber den Forderungen anderer Konkursgläubiger die ordentlichen Gerichte zu befinden haben." (ebd. S. 32.)

Diese Rechtsprechung hat der Bundesgerichtshof in BGHZ 19, 163 (164); BGH WPM 1957, 556 = BB 1957, 429; BGH NJW 1959, 987[322] fortgesetzt und in BGHZ 34, 293 = WPM 1961, 430[312] auch auf sozialversicherungsrechtliche Abgaben (§ 61 Abs. 1 Nr. 1 e KO n. F.) angewandt.

Der These des Bundesgerichtshofs von der zivilgerichtlichen Zuständigkeit schloß sich der Bundesfinanzhof in BFHE 82, 678 (684) = BStBl. III 1965, 491[323] an[324]. Die genannten Vorschriften der §§ 328, 346, 370 RAO = §§ 262, 293, 320 AO (denen BGH NJW 1959, 987[322] schon §§ 120, 360 Abs. 4 RAO = §§ 191 f., 308 Abs. 4 AO hinzugefügt hatte) ergänzte der Bundesfinanzhof noch um § 371 RAO = § 321 AO, aus denen

„man mit dem Bundesgerichtshof einen allgemeinen Rechtsgrundsatz ableiten (könne), daß solche Fälle der Kollision von Steueransprüchen mit Ansprüchen dritter Personen in die ordentliche Gerichtsbarkeit gehören sollen".

b) Öffentlich-rechtlicher Charakter und Steuerprozeß (BSG; BGH und BFH seit 1971/1972)

Im Gegensatz zu den soeben genannten Entscheidungen von Bundesgerichtshof und Bundesfinanzhof qualifizierte das seit 1954 bestehende *Bundessozialgericht* (BSGE 14, 40, 41 - 43[325]; 25, 235, 236 - 241[315]; 32, 263, 264 - 266[316]) den Streit um das Vorrecht sozialversicherungsrechtlicher Abgabenforderungen stets als öffentlich-rechtlich *und* erachtete die Sozialgerichte als zuständig.

Vereinheitlicht wurde die divergierende oberstgerichtliche Rechtsprechung erst nach Errichtung[326] des „Gemeinsamen Senats", den das Bundessozialgericht im Rahmen seines Prozesses BSGE 32, 263[316] wegen der abweichenden Entscheidung BGHZ 34, 293 = WPM 1961, 430[312] anrief: Dessen Vorlage führte dazu, daß der *Bundesgerichtshof* durch

---

322 = LM Nr. 2 zu § 13 UStG.

323 Siehe insbes. S. 493 unten = NJW 1965, 2269 (2271 rechts).

324 Der *BFH* stellte so die Übereinstimmung mit dem *BGH* wieder her, die *BFHE* 66, 527 = BStBl. III 1958, 201 = NJW 1958, 1063 durch Bejahung der finanzbehördlichen und -gerichtlichen Zuständigkeit zur Vorrechtsfeststellung durchbrochen hatte (diese Abweichung hatte zu keinem „Schiedsverfahren" des „Gemeinsamen Senats" geführt, da diese Institution erst später geschaffen wurde, siehe Fußn. 326).

BFHE 66, 527 berief sich auf *Otfried Schwarz* NJW 1954, 1867 (hierzu siehe Fußn. 333). — Zustimmende Anmerkung von *Otfried Schwarz* in NJW 1958, 1063; ablehnende Anm. von *Judeich* in NJW 1958, 2055.

325 = NJW 1961, 1087.

326 Durch das Gesetz zur Wahrung der Einheitlichkeit der Rechtsprechung der obersten Gerichtshöfe des Bundes vom 19. Juni 1968 (BGBl. I S. 661).

seinen Beschluß *BGHZ 55, 224* von seiner bisherigen Rechtsprechung abrückte und anerkannte, daß der Streit um das Vorrecht einer öffentlich-rechtlichen Forderung von denjenigen Behörden bzw. Gerichten zu entscheiden sei, die auch über Bestand und Höhe der Forderung zu befinden haben. Diese Rechtsprechung hat der Bundesgerichtshof in *BGHZ 60, 64* — bezogen auf Steuerforderungen im Sinne von §§ 1 Abs. 1 AO, 33 Abs. 1 Nr. 1 FGO — weitergeführt.

Dieser neuen BGH-Rechtsprechung schloß sich auch der *Bundesfinanzhof* in *BFHE 106, 186 = BStBl. II 1972, 737*[314] an[327], nachdem der Bundesgerichtshof im Prozeß BGHZ 60, 64 den Gemeinsamen Senat wegen der abweichenden Entscheidung BFHE 82, 678 = BStBl. III 1965, 491[323] angerufen hatte.

Heute sind sich also Bundessozialgericht, Bundesgerichtshof und Bundesfinanzhof darin einig, daß bei öffentlich-rechtlichen Forderungen auch der Vorrechtsstreit öffentlich-rechtlicher Natur ist und zur Vorrechtsfeststellung diejenigen Behörden bzw. Gerichte zuständig sind, die auch zur Entscheidung über Grund und Betrag der Forderung berufen sind[328].

c) § 251 Abs. 3 AO

Der Rechtsprechungsentwicklung folgend[329] wurde durch § 251 Abs. 3 AO mit Wirkung vom 1. Januar 1977 (in Erweiterung des 1965[330] in die RAO eingefügten § 226 a RAO[331]) die finanzbehördliche Zuständigkeit zur Vorrechtsfeststellung festgeschrieben:

„Macht die Finanzbehörde im Konkursverfahren einen Anspruch aus dem Steuerschuldverhältnis als Konkursforderung geltend, so stellt sie erforderlichenfalls die Konkursforderung *und ein Konkursvorrecht* durch schriftlichen Verwaltungsakt fest."

---

327 Und kehrte so zu seiner schon in *BFHE* 66, 527 vertretenen Auffassung zurück (vgl. Fußn. 324).

328 Damit entspricht die Rechtsprechung zum Vorrechtsstreit bei öffentlich-rechtlichen Forderungen jetzt derjenigen zum Vorrechtsstreit bei arbeitsrechtlichen Forderungen (§ 61 Abs. 1 Nr. 1 a - d KO): sowohl die Rechtsprechung der Arbeitsgerichte als auch die der ordentlichen Gerichte ging schon immer dahin, daß die Arbeitsgerichte bei allen Forderungen, die vor ihnen auszufechten sind, auch zur Vorrechtsfeststellung zuständig sind: *RAGE* 4, 284 = JW 1930, 1530; *BAGE* 10, 310 (312 - 314) = NJW 1961, 847 = AP Nr. 2 zu § 61 KO; E 19, 355 (358) = NJW 1968, 719 = AP Nr. 30 zu § 2 ArbGG 1953 Zuständigkeitsprüfung mit zust. Anm. *Bötticher;* E 20, 1 (3 f.) = NJW 1967, 2224 = AP Nr. 5 zu § 61 mit zust. Anm. *Weber*; *BGH* WPM 1955, 943 (unter 1. am Anfang; insoweit in NJW 1955, 1147 nicht abgedruckt).

329 Vgl. BT-Drucks. VII/4292 S. 39/40.

330 Durch § 162 Nr. 39 FGO (BGBl. 1965 I S. 1477).

331 § 226 a RAO lautete: „Wird eine Steuerforderung im Konkursverfahren geltend gemacht. so hat das Finanzamt erforderlichenfalls das Bestehen der Steuerforderung und den Zeitpunkt ihrer Fälligkeit durch schriftlichen Bescheid festzustellen."

Soweit der Anwendungsbereich des § 251 Abs. 3 AO reicht, hat sich der Streit um die Zuständigkeit zur Vorrechtsfeststellung in dem Sinne erledigt, daß die Finanzbehörden und -gerichte (§§ 251 Abs. 3, 348 Abs. 1 Nr. 11 AO, 33 Abs. 1 Nr. 1 FGO) zuständig sind[332].

Allerdings ist der Anwendungsbereich des § 251 Abs. 3 AO begrenzt: Diese Vorschrift gilt *nur für* Abgabenforderungen im Sinne des *§ 1 Abs. 1 AO*. Für alle sonstigen öffentlich-rechtlichen im Finanz-, Verwaltungs- und Sozialrechtsweg auszufechtenden Forderungen gilt er nicht (so z. B. nicht für die von den Gemeinden verwalteten Realsteuerforderungen, da § 1 Abs. 2 AO den § 251 Abs. 3 AO nicht für entsprechend anwendbar erklärt). Insoweit ist der Streit um die Zuständigkeit zur Vorrechtsfeststellung durch § 251 Abs. 3 AO noch nicht entschieden; insoweit ist die Klärung der Zuständigkeit noch immer der Rechtslehre und Rechtsprechung überantwortet: Bei Realsteuerforderungen ist also noch Raum (und Bedürfnis) für die Untersuchung, ob die These der neueren Rechtsprechung von der verwaltungs-(sozial-, finanz-)gerichtlichen Zuständigkeit (S. 108 f.) oder die These der älteren Rechtsprechung von der zivilgerichtlichen Zuständigkeit (S. 107 f.) richtig ist:

3. *Steuerprozeß oder Zuweisung in den Zivilrechtsweg?*

Die von den älteren BGH- und BFH-Entscheidungen (S. 107/108) angeführten Bestimmungen der Abgabenordnung ergeben keinen allgemeinen Rechtsgrundsatz des Inhalts, daß Fälle der Kollision von Steueransprüchen mit Ansprüchen dritter Personen dem ordentlichen Rechtsweg zugewiesen wären: dies haben die Entscheidungen BSGE 25, 235 (239)[315] und BGHZ 55, 224 (227/228) und BGHZ 60, 64 (66) zutreffend herausgearbeitet[333]:

---

[332] Die gleiche Auffassung vertrat schon zu § 226 a RAO: *Rudolf Dietrich* NJW 1973, 295 f. — Mit gleicher Tendenz *Bötticher* (Anm. zu BAG AP Nr. 30 zu § 2 ArbGG 1953 Zuständigkeitsprüfung unter I 1) und *BFHE* 106, 186 = BStBl. II 1972, 737.

Umgekehrt aber ging die *Gesetzesbegründung* zu § 226 a RAO dahin, daß aus der nur begrenzten Regelung des § 226 a RAO sich die Zuständigkeit der ordentlichen Gerichte zur Vorrechtsfeststellung ergebe (BT-Drucks. IV/1446 S. 62/63 zu Nr. 41).

Offengelassen in *BGHZ* 60, 64 (66/67); *BSGE* 25, 235 (240/241) = MDR 1967, 340.

[333] Gegen den vom *BGH* NJW 1954, 31 angenommenen allgemeinen Rechtsgrundsatz bezieht auch *Otfried Schwarz* Stellung (NJW 1954, 1867). Aber zu pauschal ist seine These (ebd. S. 1869/1870 unter 3.), daß im Falle des § 328 RAO = § 262 AO der Dritte „durch die Pfändung in seiner *privaten* Rechtssphäre beeinträchtigt ist" und für § 346 RAO = § 293 AO „dasselbe gilt" und daß es im Falle des § 370 RAO = § 320 AO „um die Erzwingung *privatrechtlicher* Pflichten des Drittschuldners geht, für die selbstverständlich der ordentliche Rechtsweg gegeben ist":

Im Falle der §§ 328, 346 RAO = §§ 262, 293 AO = §§ 771, 805 ZPO kann der Dritte auch in seiner öffentlich-rechtlichen Rechtssphäre beeinträchtigt

Die angeführten Bestimmungen betreffen (abgesehen von § 120 RAO = 191 f. AO, der einen gänzlich anderen Fall — die privatrechtlich-vertragliche Haftung eines Dritten — regelt) das *Pfändungspfandrecht* — also nur die Einzel-Zwangsvollstreckung — und die aus Pfändungen entstehenden Streitigkeiten; das Pfändungspfandrecht und die aus dessen Kollision mit Rechtspositionen Dritter entstehenden Streitigkeiten weisen aber erhebliche Strukturunterschiede gegenüber dem Konkursvorrecht und den Vorrechtsstreitigkeiten auf:

a) Das Pfändungspfandrecht beruht anders als das Konkursvorrecht nicht auf dem Entstehungsgrund der gesicherten Forderung und teilt nicht ihren Rechtscharakter, sondern steht — wie auch jedes sonstige Pfandrecht — neben ihr (vgl. S. 106). Die Rangfolge mehrerer Pfändungspfandrechte richtet sich — anders als bei mehreren bevorrechtigten Konkursforderungen — nicht nach dem Entstehungsgrund der gesicherten Forderungen, sondern nach der zeitlichen Reihenfolge der Pfändungen (§ 804 Abs. 3 ZPO = §§ 344 Abs. 3, 360 Abs. 3 RAO = §§ 282 Abs. 3, 308 Abs. 3 AO).

b) Außer diesen Unterschieden zwischen dem Pfändungspfandrecht selbst und dem Konkursvorrecht weisen aber auch die den ordentlichen Gerichten zugewiesenen Rechtsstreitigkeiten zwischen Pfändungsgläubiger und konkurrierendem Dritten Unterschiede gegenüber den Konkursvorrechtsstreitigkeiten auf:

In dem Rechtsstreit des Pfändungsgläubigers mit dem Dritten, der an dem Gegenstand der Vollstreckung ein die Veräußerung hinderndes Recht zu haben behauptet oder eine Einwendung nach den §§ 772 - 774 ZPO erhebt (§ 328 RAO = § 262 AO = §§ 771 - 774 ZPO) oder ein Pfand- oder Vorzugsrecht geltend macht (§ 346 RAO = § 293 AO = § 805 ZPO), und ebenso in dem Vorrangstreit zwischen mehreren Pfändungsgläubigern (§§ 360, 370 f. RAO = §§ 308, 320 f. AO = §§ 827, 853 ff. ZPO, jeweils i. V. m. §§ 872 ff. ZPO, insbes. §§ 878 - 880 ZPO) werden[334] die Rechtspositionen der konkurrierenden Beteiligten geprüft und je nach ihrem Verhältnis zueinander der Rechtsstreit entschieden[335]. Beim Vorrechtsstreit hingegen

---

sein (z. B. Rechtsposition im Sinne des § 49 Abs. 1 Nr. 1 KO), und im Falle des § 370 RAO = § 320 AO = §§ 853 ff., 872 ff. ZPO kann es auch um die Erzwingung öffentlich-rechtlicher Pflichten gehen (so wenn die gepfändete Forderung ein öffentlich-rechtlicher Erstattungsanspruch ist).

Im selben Sinne wie *Otfried Schwarz* vgl. *BSGE* 32, 263 (265 unten) = MDR 1971, 791 (792), allerdings einschränkend „in der Regel privatrechtlich“.

[334] Sofern nicht schon die Position des Klägers als nicht bestehend erkannt wird.

[335] Für den Verteilungsstreit nach §§ 878 ff. ZPO schreibt § 880 Satz 1 ZPO vor, daß „im Urteil zu bestimmen ist, an welche Gläubiger und in welchen Beträgen der streitige Teil der Masse auszuzahlen sei“.

„handelt es sich objektiv um keine Konkurrenzstreitigkeit, sondern um die einseitige Feststellung der Stellung einer Forderung im System der konkursrechtlichen Rangordnung, ohne daß es auf die Stellung der Forderung des widersprechenden Gegners ankommt“[336]; der Vorrechtsstreit „bezieht keine Rechte Dritter in den Rechtsstreit ein, sondern beschränkt sich allein auf die Feststellung einer Eigenschaft der Forderung, nämlich des Vorrechts der Forderung des Klägers, setzt daher die Forderung des Klägers nicht zu einer Forderung eines Dritten in Beziehung und stellt nicht die beiderseitige Stellung zueinander fest“[336].

Angesichts solcher Verschiedenheit zwischen den durch die Abgabenordnung den ordentlichen Gerichten zugewiesenen Konkurrenzstreitigkeiten einerseits und den Vorrechtsstreitigkeiten andererseits läßt sich (entgegen den älteren BGH- und BFH-Entscheidungen)[337] aus der Abgabenordnung kein allgemeiner Rechtsgrundsatz entnehmen, der die Feststellung im Konkursverfahren streitig gebliebener Vorrechte nach § 61 Abs. 1 Nr. 2 KO in den ordentlichen Rechtsweg verweist. Insbesondere könnte schwerlich eine „ausdrückliche“ Zuweisung in den ordentlichen Rechtsweg angenommen werden, wie es § 40 Abs. 1 Satz 1 VwGO aber voraussetzt (S. 45 Fußn. 111a). Vielmehr haben (wie in den neueren Rechtsprechung mittlerweile anerkannt ist)[337a] die nach § 146 Abs. 5 KO für die Entscheidung über Grund und Höhe einer Forderung zuständigen Gerichte auch über das Vorrecht zu entscheiden.

Nur dieses Ergebnis dürfte auch § 146 Abs. 5 i. V. m. §§ 139 ff. KO gerecht werden, denen sich keine Unterscheidung zwischen dem Streit um Grund und Betrag einerseits und dem Vorrechtsstreit andererseits entnehmen läßt[338]. Auch § 146 Abs. 4 KO[339], der nur Grund und Betrag erwähnt, kann keinen Ansatzpunkt für eine Andersbehandlung des Vorrechtsstreits hergeben, denn er gilt anerkanntermaßen (trotz seines Wortlauts) auch für das Vorrecht[340].

Außerdem wäre es befremdlich, die Vorrechtseigenschaft anders zu behandeln als die Eigenschaft im Sinne der §§ 3, 63 KO: Wenn die Frage der „Anmeldbarkeit“ (treffender als „Konkursforderungseigenschaft“ zu bezeichnen[341]) von den Gerichten zu entscheiden ist, die auch über Grund und

---

336 Zitat aus *BGHZ* 55, 224 (228 oben). Ebenso *BSGE* 25, 235 (239) = MDR 1967, 340; *BGHZ* 60, 64 (66); *Jaeger / Weber* § 146 Rdnr. 20 (S. 375); *Geist* Rdnr. 103 (S. 92 unten).

337 Im übrigen wird in den angeführten Entscheidungen nur gesagt, daß Konkurrenzen zwischen öffentlichen *und privaten* Rechten den ordentlichen Gerichten zugewiesen sind. Soll also der Rechtsweg für den Vorrechtsstreit davon abhängen, ob mit der (vermeintlich oder wirklich bevorrechtigten) öffentlich-rechtlichen Forderung eine (oder mehrere) privatrechtliche oder ob mit ihr nur eine (oder mehrere) öffentlich-rechtliche Forderung(en) konkurrieren?

337a Nachweise im vorhergehenden Abschnitt 2 b (S. 108/109).

338 Vgl. *Geist* Rdnr. 103 (S. 93 oben).

339 In Abs. 5 für entsprechend anwendbar erklärt.

340 *RGZ* 130, 333 (334); *Mentzel / Kuhn* § 146 Rdnr. 25; *Böhle-Stamschräder* § 146 Anm. 2 (S. 409 unten).

341 Siehe *Bley* StuW I 1928, Sp. 1095 (1123).

Betrag der Forderung zu urteilen haben[342], wäre es kaum sinnvoll und schwerlich einzusehen, warum für die Vorrechtsfrage etwas anderes gelten sollte: beide Fragen betreffen eine Eigenschaft der Forderung und hängen von deren Rechtsgrund, Art und Fälligkeit ab[343].

Wegen dieser Zusammenhänge ist „der Richter, der über Grund und Höhe der Forderung zu befinden hat, auch von der Sache her besonders berufen, die nach den Vorschriften der Konkursordnung für die Feststellung des Konkursvorrechts vorausgesetzten Merkmale der Forderung rechtlich zu beurteilen“[344].

Im übrigen hätte die Annahme einer Zuweisung in den Zivilrechtsweg für den Vorrechtsstreit die mißliche Folge einer Rechtswegspaltung[345]: Während der Streit um Grund und Betrag der öffentlich-rechtlichen Forderung im Verwaltungs-(Finanz-, Sozial-)rechtsweg auszufechten wäre, wäre der Vorrechtsstreit dem Zivilrechtsweg zugewiesen.

4. *Zwischenergebnis*

Richtigerweise sind Vorrechtsstreitigkeiten in demselben Rechtsweg auszutragen, der auch für den Streit um Grund und Betrag der Forderung gegeben ist: wenn es sich um eine öffentlich-rechtliche Forderung handelt, über deren Grund und Betrag die Verwaltungs-(Finanz-, Sozial-)behörden bzw. -gerichte zu befinden haben, sind auch diese für die Feststellung des im Konkursverfahren streitig gebliebenen Vorrechts zuständig.

Die in diesem Sinne entscheidende neuere Rechtsprechung[337a] ist also richtig: ihre Rechtsauffassung wird auch von der ganz überwiegenden Meinung des Schrifttums[346] geteilt.

---

[342] So allgemeine Meinung: vgl. z. B. *BFHE* 57, 282 (283/284) = BStBl. III 1953, 111 (unter 1.); *Hübschmann / Hepp / Spitaler / Schwarz* § 251 AO Rdnr. 213.

[343] Hierzu insbes. *Otfried Schwarz* NJW 1954, 1867 (1868 unter 2.); vgl. auch *Bley* ebd. — Zu diesen Zusammenhängen vgl. auch *Jahr* ZZP 79 (1966), 347 (382).

[344] *BGHZ* 55, 224 (229 am Ende). Ebenso *BSGE* 32, 263 (266 oben) = MDR 1971, 791 (792); *Bley* ebd. Sp. 1129 unten.

[345] Die schon bei Fußn. 303 erwähnt wurde. — Vgl. *BGHZ* 55, 224 (229); *BSGE* 25, 235 (240) = MDR 1967, 340; 32, 263 (266) = MDR 1971, 791 (792 am Ende); *Jaeger / Weber* § 146 Rdnr. 20 (S. 375); *Geist* Rdnr. 103 (S. 93); *Bley* ebd. Sp. 1023 unten.

[346] *Jaeger / Weber* § 146 Rdnr. 20 (S. 375 f. m. w. N.); *Mentzel / Kuhn* § 146 Rdnr. 15 u. 38; *Böhle-Stamschräder* § 61 Anm. 5 c; *Jauernig* § 55 V 2; *Hübschmann / Hepp / Spitaler / Schwarz* § 251 AO Rdnr. 213; *Geist* Rdnr. 103; *Spellenberg* S. 106 - 113; de lege lata ebenso *Jahr* ZZP 79 (1966), 347 (381/382 unter 7).

Auch *Stein / Jonas / Pohle* Anm. II A 2 vor § 1 (bei Fußn. 31, S. 73), allerdings einschränkend auf „sonst unstreitige Forderungen“.

Zur abweichenden Meinung siehe Fußn. 321.

II. Rechtslage nach dem Forderungsübergang

Auf der Grundlage des vorstehenden Zwischenergebnisses muß auch dann der Vorrechtsstreit als öffentlich-rechtlich qualifiziert und im Verwaltungs-(Finanz-, Sozial-)rechtsweg ausgefochten werden, wenn die Forderung auf den Bürgen übergegangen ist (entgegen BGH NJW 1973, 1077[347]): Denn kraft des Zessionsprinzips[348] ändert sich durch den Übergang weder der Rechtscharakter der Forderung noch der Weg ihrer gerichtlichen Verfolgung.

Der Streit, ob dem Bürgen das abgabenrechtliche Konkursvorrecht nach § 61 Nr. 2 KO zukommt, kann also nicht im ordentlichen Rechtsweg, sondern muß gemäß § 146 Abs. 5 KO im Wege des Steuerprozesses (je nach Art der Abgabenforderung: Verwaltungs- oder Finanzrechtsweg) ausgefochten werden.

C. Befreiung von der Feststellungslast durch § 146 Abs. 6 KO?

Wird im Konkurs des Steuerschuldners die Steuerforderung bestritten, so stellt sich die Frage, ob der Gläubiger ihre Feststellung und gegebenenfalls die ihres Vorrechts (selbst) betreiben muß oder ob — umgekehrt — der Widersprechende die Feststellungslast nach § 146 Abs. 6 KO trägt. Für die Beantwortung ist zum einen von Bedeutung, ob bereits ein Steuerbescheid ergangen ist, und zum anderen, wogegen sich der Widerspruch des Konkursverwalters oder des Konkursgläubigers richtet. Die Darstellung wird — zweckmäßigerweise — gegliedert in (I) die Rechtslage bis zum Forderungsübergang und (II) die Rechtslage nach dem Forderungsübergang auf den Bürgen.

I. Rechtslage bis zum Forderungsübergang

1. Der von der Steuerbehörde vor[349] Konkurseröffnung erlassene *Steuerbescheid* steht für den Steuerfiskus nach ganz herrschender Meinung[350, 351] einem Titel im Sinne des § 146 Abs. 6 KO gleich. Die in § 146

---

[347] = WPM 1973, 559. — Zu dieser Entscheidung vgl. schon S. 39 - 41.

[348] Siehe oben § 2 A I (S. 23/24).

[349] Ein erst nach Konkurseröffnung erlassener Steuerbescheid kann als Einzelvollstreckungsmaßnahme gemäß § 14 Abs. 1 KO die Konkursmasse nicht verpflichten (sondern allenfalls — unter besonderen engen Voraussetzungen, siehe *Mentzel / Kuhn / Uhlenbruck* Vorbem. §§ 10 - 12 Rdnr. 8 S. 152 und § 14 Rdnr. 14 — den Gemeinschuldner persönlich, der hier aber nicht interessiert).

[350] *RGZ* 116, 368 (373); *RFHE* 18, 141 (144); *Jaeger / Weber* § 146 Rdnr. 20 (S. 373) und Rdnr. 35 unter a (S. 390 unten); *Mentzel / Kuhn / Uhlenbruck* § 146 Rdnr. 30 und 35 (S. 778 und S. 781); *Böhle-Stamschräder* § 146 Anm. 3

Abs. 6 KO normierte Umkehr[352] der Feststellungslast tritt aber nur in dem Umfang ein, wie die Wirkungskraft des Steuerbescheides reicht:

Da der Steuerbescheid die Frage betrifft, ob und in welcher Höhe der Steueranspruch entstanden ist, trifft den Widersprechenden die Feststellungslast sicherlich, wenn er die *Entstehung des Steueranspruchs* bestreitet. — Aber auch wenn er geltend macht, der *Steueranspruch bestehe nicht mehr,* er sei z. B. durch Zahlung, Aufrechnung, Erlaß oder Verjährung[353] erloschen, trifft ihn die Feststellungslast. Zwar

---

(S. 411 unten); *Tipke / Kruse* vor §§ 325 - 381 RAO Rdnr. 20 (S. 1088); *Geist* Rdnr. 83 und 92; *Guthmann* S. 42/43.

Zur Frage, welchem Tatbestandsmerkmal innerhalb des § 146 Abs. 6 KO der Steuerbescheid gleichstehen soll, beziehen — soweit ersichtlich — nur *Jaeger / Weber* Stellung: Sie stellen den Steuerbescheid dem „mit der Vollstreckungsklausel versehenen Schuldtitel" gleich, wie ihre Einordnung in Rdnr. 35 unter a (S. 390 unten) ergibt.

[351] Abzulehnen sind die (bei *Hübschmann / Hepp / Spitaler / Schwarz* § 251 AO Rdnr. 186 erwähnten) Gegenmeinungen, die teils „milder" (a), teils strenger" (b) sind:

a) Daß als Titulierung im Sinne des § 146 Abs. 6 KO schon die (amtliche, innerdienstliche) Erklärung des Finanzamts genüge, die bestrittene Steuerforderung sei beitreibbar, ist abzulehnen. Denn eine solche Auffassung wird dem Begriff des Titels im Sinne des § 146 Abs. 6 KO nicht gerecht (überzeugend *Tipke / Kruse* ebd. und *Geist* ebd.).

b) Ebenfalls abzulehnen ist die Meinung, daß — über den Steuerbescheid hinaus — die Vollstreckungsvoraussetzungen, also Leistungsgebot und das Verstreichenlassen der Wochenfrist im Sinne des § 254 AO, gegeben sein müßten. Denn auf solche Vollstreckungsvoraussetzungen kann es im Konkurs, wo eine Einzelzwangsvollstreckung gerade unzulässig ist (§ 14 KO), nicht ankommen.

[352] Daß der Steuerbescheid zur Klaglastumkehr führt, ist die naheliegende Konsequenz aus seiner Gleichstellung mit den in § 146 Abs. 6 KO genannten Titeln und demgemäß herrschende Meinung (Nachweise siehe Fußn. 350).

Abzulehnen ist die Auffassung, daß, „gleich ob ein Steuerbescheid ... vorliegt oder nicht, auf Widerspruch eines Konkursbeteiligten hin die Finanzbehörde die Feststellungsentscheidung nach § 251 Abs. 3 AO treffen müßte, da dies dann ‚erforderlich' ist" (so *Hübschmann / Hepp / Spitaler / Schwarz* § 251 AO Rdnr. 196 S. 58 oben; ebenso *Kühn / Kutter* Vorbem. § 249 Anm. D 4 a aa S. 643). Eine solche weite Auslegung des Begriffes der Erforderlichkeit erscheint wenig sinnvoll. Sie führt dazu, daß alles, was schon durch den Steuerbescheid festgestellt war, nun noch einmal durch einen nach § 251 Abs. 3 AO ergehenden Verwaltungsakt festgestellt werden muß. Die Einstufung des Steuerbescheides als Titel im Sinne des § 146 Abs. 6 KO (s. o. Fußn. 350) würde weitgehend inhaltsleer.

Die genannte weite Auslegung des Begriffes der Erforderlichkeit kann zumal im Falle eines bestandskräftigen Steuerbescheides nicht gelten. Will man auch in diesem Falle eine neue Feststellungsentscheidung nach § 251 Abs. 3 AO fordern, so muß man sie jedenfalls — um nicht die Bestandskraft durch die Eröffnung neuer Rechtsbehelfsfristen auszuhöhlen — darauf beschränken, daß „der Widerspruch unter Hinweis auf die Unanfechtbarkeit der Festsetzung zurückgewiesen" wird (so *Kühn / Kutter* ebd. S. 642 unten/ 643 oben; Problematik von *Hübschmann / Hepp / Spitaler / Schwarz* nicht erwähnt).

[353] Zum Verjährungseinwand siehe Fußn. 179.

sagt der Steuerbescheid als solcher nichts über das Nochbestehen der Steuerforderung aus (s. S. 62); aber seine Wirkungskraft greift über den Entstehungstatbestand hinaus, indem er die Grundlage für die Verwirklichung des Steueranspruchs (§ 218 Abs. 1 AO) und damit für das Erhebungs- und Vollstreckungsverfahren darstellt.

Zur Frage, mit welchem Mittel der Widersprechende seinen Widerspruch nach § 146 Abs. 6 KO zu verfolgen hat, verweisen Jaeger / Weber auf die „Vorschriften des Verwaltungsrechts"[354]: „War der Steuerbescheid noch nicht rechtskräftig, so kann ihn der Widersprechende durch Einlegung des zulässigen steuerrechtlichen Rechtsmittels bekämpfen, und zwar, wenn der Steuerrechtsstreit schon vor dem Konkurse begonnen hatte, unter Aufnahme nach § 146 Abs. 3 KO"[355]. Diese Auffassung ist aber bedenklich. Es ist schon zweifelhaft, ob der Widersprechende (soweit er ein Gläubiger und nicht der Konkursverwalter ist) zur Anfechtung des Steuerbescheides legitimiert ist (Verletzung eigener Rechte im Sinne von §§ 40 Abs. 2 FGO, 42 Abs. 2 VwGO?). Jedenfalls aber sind die auf die *Aufhebung des Steuerbescheides* gerichteten steuerrechtlichen Rechtsbehelfe (Einspruch, Anfechtungsklage) nicht geeignet, die Entscheidung über den im Konkursverfahren erhobenen Widerspruch herbeizuführen; denn das Begehren des Widersprechenden hat dahin zu gehen, *festzustellen,* daß der Widerspruch begründet ist bzw. genauer: *daß die bestrittene Forderung als Konkursforderung nicht (mehr) besteht*[356]. Weder im steuerbehördlichen Einspruchsverfahren noch im gerichtlichen Anfechtungsprozeß kann aber ein solcher (negativer) Feststellungsausspruch erfolgen[357]. Vielmehr hat der Widersprechende seinen Widerspruch, weil Einspruch und Anfechtungsklage nicht auf ihn zugeschnitten sind, richtigerweise im Wege einer negativen *Feststellungsklage* zu verfolgen[358, 359], in deren Rahmen nicht nur über die Frage, ob der Steueranspruch entstanden

---

[354] *Jaeger / Weber* § 146 Rdnr. 39 (S. 395 unten).

[355] *Jaeger / Weber* § 146 Rdnr. 20 (S. 374 unten). Im gleichen Sinne z. B. *Geist* Rdnr. 94.

[356] *Jaeger / Weber* § 146 Rdnr. 37 (S. 394); *Jaeger,* Lehrbuch des Konkursrechts, 8. Auflage 1932, S. 242; siehe auch z. B. *Geist* Rdnr. 84/85.

[357] § 251 Abs. 3 AO läßt sich hier schon deshalb nicht „einbringen", weil er keine *negative* Feststellung ermöglicht.

[358] Um diesen Fall einer (selbständigen) negativen Feststellungsklage müßten *Jaeger / Weber* ihren „Ausnahmekatalog" (§ 146 Rdnr. 38 S. 394 unten) ergänzen.

[359] In diesem Verfahren sind der Konkursverwalter und alle Konkursgläubiger (notwendig) beizuladen, weil die ergehende Entscheidung auch ihnen gegenüber Wirksamkeit entfaltet (vgl. § 147 KO), also ein Fall der Wirkungserstreckung (s. o. 68 unten) vorliegt. — Ebenso *Mentzel / Kuhn / Uhlenbruck* § 146 Rdnr. 35 und 37 am Ende; *Hübschmann / Hepp / Spitaler / Schwarz* § 251 AO Rdnr. 197 und 200; *Geist* Rdnr. 86 (S. 79 unten und S. 80 unten).

ist (nur diese Frage könnte der Gegenstand eines Einspruchs- bzw. Anfechtungsverfahrens sein), sondern auch über die Frage, *ob die Steuerforderung noch besteht*, entschieden wird. Daß der mit der Feststellungsklage verfolgte Widerspruch nicht zur Aufhebung des Steuerbescheides führen kann, ist unschädlich; denn dieser betraf ohnehin nur die Frage der Entstehung des Steueranspruchs, während hingegen für das Konkursverfahren allein das (Noch-)Bestehen der Steuerforderung als Konkursforderung von Bedeutung ist, über das im Feststellungsprozeß bindend entschieden wird.

Auch wenn der Steuerbescheid schon vor der Konkurseröffnung *unanfechtbar* war, steht dem Widersprechenden — prozessual gesehen — der Weg der negativen Feststellungsklage offen. Nur wird er damit keinen Erfolg haben, soweit er die Entstehung des Steueranspruchs bestreitet[360]; denn die Entstehung ist durch den unanfechtbaren Steuerbescheid bindend festgestellt, und diese Feststellung bindet so wie vor Konkurseröffnung den Steuerschuldner nun nach Konkurseröffnung den Konkursverwalter und die Konkursgläubiger[361].

2. Soweit der Widerspruch die *Vorrechtsfrage* betrifft (der Steuerfiskus nämlich das Konkursvorrecht aus § 61 Abs. 1 Nr. 2 KO geltend macht, dieses aber vom Konkursverwalter oder von einem Konkursgläubiger bestritten wird), greift § 146 Abs. 6 KO nicht ein. Denn der Steuerbescheid äußert sich nicht zur Vorrechtsfrage, so daß insoweit keine „Titulierung" vorliegt[362]. Demgemäß obliegt es gemäß § 146 Abs. 1 + 5 KO dem Steuerfiskus, die Vorrechtsfeststellung zu betreiben. Um seiner Feststellungslast nachzukommen, braucht er aber nicht Feststellungsklage zu erheben, ihm ist vielmehr durch § 251 Abs. 3 AO[363] das Recht eingeräumt, durch Erlaß eines Verwaltungsakts die Feststellung des Vorrechts selbst zu treffen. Gegen diesen feststellenden Verwaltungsakt kann dann der Bestreitende seinerseits gemäß § 248 Abs. 1 Nr. 11 AO mit Einspruch — und im Nichterfolgsfalle weiter mit Anfechtungsklage — vorgehen[359]. Da durch die Feststellung der Behörde nach § 251 Abs. 3 AO die Steuerforderung als Konkursforderung

---

[360] Es sei denn, er kann die Steuerbehörde zur Aufhebung des Steuerbescheides bewegen.

[361] Vgl. in diesem Sinne (am Beispiel rechtskräftiger Urteile) *Bettermann*, Vollstreckung und Rechtskraft S. 176; *A. Blomeyer* § 93 I 1 (S. 491) und ZZP 75 (1962), 1 (21); *Schwab* ZZP 77 (1964), 124 (147 oben); *Bley*, Konkursgläubigerrecht S. 69 unten.

[362] „Ein bestrittenes Vorrecht kann nie durch einen Titel gedeckt sein", so *Jaeger / Weber* § 146 Rdnr. 36 (S. 392). — Ganz herrschende Meinung: *RGZ* 116, 368 (373 f. m. w. N.); *BGH* LM Nr. 2, 3 zu § 61 KO unter II 4 (insoweit nicht in NJW 1954, 31 abgedruckt); *BSGE* 14, 40 (44 am Ende) = NJW 1961, 1087 (1088 am Ende); *Mentzel / Kuhn / Uhlenbruck* § 146 Rdnr. 34; *Geist* Rdnr. 101; *Guthmann* S. 43 unten/44 oben; *Erich Bley*, Die Feststellung des Konkursgläubigerrechts, 1914, S. 67 bei Fußn. 7 und S. 105 unten; offengelassen in ZZP 51 (1926), 233 (243 unten).

[363] Wortlaut zitiert auf S. 109 unten.

qualifiziert wird, bestehen hier (anders S. 116 Mitte) keine Bedenken gegen die Anfechtungslegitimation des Widersprechenden.

Die Befugnis, der Feststellungslast durch den Erlaß eines feststellenden Verwaltungsaktes nachzukommen, besteht aufgrund des § 251 Abs. 3 AO ausdrücklich nur für Abgabenforderungen im Sinne des § 1 Abs. 1 AO[364]. Für die Realsteuerforderungen des § 1 Abs. 2 AO ist § 251 Abs. 3 AO nicht für entsprechend anwendbar erklärt. Dennoch gilt für sie ebenfalls das in § 251 Abs. 3 AO normierte Prinzip; denn die Geltung dieses Prinzips war schon vor dem Inkrafttreten des § 251 Abs. 3 AO für alle Arten von Abgabenforderungen anerkannt[365]; es ist auch in § 146 Abs. 5 KO zum Ausdruck gekommen, der davon ausgeht, daß für die Feststellung von Forderungen „... eine Verwaltungsbehörde ... zuständig" sein kann.

3. Liegt bei Konkurseröffnung (noch) *kein Steuerbescheid* vor, so ist im Falle des Widerspruchs durch den Konkursverwalter oder einen Konkursgläubiger eine Feststellung der Steuerbehörde im Sinne des § 251 Abs. 3 AO immer erforderlich, also nicht nur, wenn das Vorrecht der Forderung, sondern auch, wenn ihre Entstehung oder ihr Nochbestehen bestritten wird.

4. *Ergebnis:* Bis zum Forderungsübergang trifft den Widersprechenden die Feststellungslast, wenn vor Konkurseröffnung ein Steuerbescheid ergangen ist und der Widerspruch sich gegen die Entstehung des Steueranspruchs oder gegen sein Nochbestehen richtet. Greift der Widerspruch hingegen die Bevorrechtigung der Steuerforderung nach § 61 Abs. 1 Nr. 2 KO an, so trifft die Feststellungslast den Steuerfiskus, ebenso wie in dem Fall, daß dieser noch keinen Steuerbescheid erlassen hatte. Seiner Feststellungslast kann der Fiskus aber dadurch nachkommen, daß er gemäß § 251 Abs. 3 AO einen feststellenden Verwaltungsakt erläßt.

II. Rechtslage nach dem Forderungsübergang

1. Vor dem Forderungsübergang war der Steuerbescheid für den Steuerfiskus als Titel im Sinne des § 146 Abs. 6 KO zu qualifizieren; ob das nach dem Forderungsübergang auch für den Bürgen (noch) der Fall ist, erscheint zweifelhaft:

a) Sieht man nämlich als „Forderung, für welche ein ... Schuldtitel, ein Endtitel oder ein Vollstreckungsbefehl vorliegt" (§ 146 Abs. 6 KO), nur eine solche Forderung an, für die der Titel auch die Vollstreckungsgrundlage bilden kann, so muß nach dem Forderungsübergang die Anwendbarkeit des § 146 Abs. 6 KO verneint werden. Denn für die Forderung *des Bürgen* kann der Steuerbescheid nicht die Vollstreckungsgrundlage darstellen, weil der Forderungsübergang gerade die

---

[364] Vgl. S. 110.

[365] Vgl. *RFHE* 19, 355 (359); *Jaeger / Weber* § 146 Rdnr. 20 (S. 373 unten).

Spaltung von Steuerforderung und Steuerfestsetzung bewirkt (siehe S. 62 - 64), was auch zur Folge hat, daß der Steuerbescheid nicht als Vollstreckungstitel auf den Bürgen als Rechtsnachfolger umgeschrieben werden kann.

Aber § 146 Abs. 6 KO ist auch dann nicht zugunsten des Bürgen anwendbar, wenn man auf das Erfordernis der Vollstreckbarkeit für den Bürgen verzichtet, aber doch immerhin noch verlangt, daß der Titel Geltungskraft für die Forderung des Bürgen hat (wie es z. B. bei zivilprozessualen Feststellungsurteilen der Fall ist, die zwar für niemanden vollstreckbar sind, aber doch immerhin die festgestellte Forderung ausweisen, und zwar auch für den Rechtsnachfolger, für den sie nämlich kraft §§ 325, 265 ZPO ohne weiteres gelten). Nicht einmal Geltungskraft (geschweige denn Vollstreckbarkeit) hat der Steuerbescheid für die Forderung des Bürgen, da ja der Steuerbescheid nur etwas über die Forderung des Fiskus aussagt (s. § 4, S. 62 - 64) und demgemäß auch §§ 325, 265 ZPO gerade nicht Anwendung finden (vgl. S. 94/95).

b) Die Frage ist aber, ob es richtig ist, für die Umkehr der Feststellungslast nach § 146 Abs. 6 KO zu verlangen, daß der Titel auch dem Rechtsnachfolger die Vollstreckung ermöglicht (oder wenigstens auch für seine Forderung Geltungskraft hat). So ist nach z. B. Jaeger / Weber[366] das Vollstreckungsmoment für den Titelbegriff des § 146 Abs. 6 KO nicht entscheidend. Vielmehr „soll die besondere Gunst des § 146 Abs. 6 KO nach dem Zweck des Gesetzes Ansprüchen zuteil werden, für deren Rechtsbestand eine gewisse Gewähr besteht“[367]. Dann muß aber nicht nur Feststellungsurteilen, die Grund und Betrag bejahen, die Gunst des § 146 Abs. 6 KO zugutekommen[368], sondern auch Steuerbescheiden, und zwar auch nach dem Übergang der Steuerforderung auf den Bürgen, denn kraft des Steuerbescheides besteht auch noch nach der Zahlung des Bürgen eine gewisse Gewähr für den Rechtsbestand der Steuerforderung.

c) Möglicherweise muß man auch danach differenzieren, ob man den Steuerbescheid einem „mit Vollstreckungsklausel versehenen Schuldtitel“[369] oder dem „Endurteil“ im Sinne des § 146 Abs. 6 KO gleichstellt. Für einen „mit Vollstreckungsklausel versehenen Schuldtitel“ muß möglicherweise in der Tat verlangt werden, daß der Titel für den Forderungsinhaber eine Vollstreckungsgrundlage bildet, während demgegenüber für ein „Endurteil“ möglicherweise genügend ist, daß der Titel eine gewisse Gewähr für den Rechtsbestand der Forderung bietet. Dann müßte im Falle der Gleichstellung des Steuerbescheides mit

---

[366] *Jaeger / Weber* § 146 Rdnr. 35 (S. 391). Im gleichen Sinne ebd. Rdnr. 1 (S. 355 oben) und Rdnr. 34 (S. 390).

[367] *Jaeger / Weber* § 146 Rdnr. 35 (S. 391).

[368] Dieses Beispiel findet sich bei *Jaeger / Weber* ebd.

[369] Für diese Gleichstellung *Jaeger / Weber*, wie in Fußn. 350 (am Ende) zitiert.

einem „mit Vollstreckungsklausel versehenen Schuldtitel" die Anwendbarkeit des § 146 Abs. 6 KO zugunsten des Bürgen verneint, im Falle der Gleichstellung mit einem „Endurteil" hingegen bejaht werden.

d) Hingegen kann man nicht einwenden, der Steuerbescheid könne schon deshalb nicht als Titel im Sinne des § 146 Abs. 6 KO für den Bürgen eingestuft werden, weil er gemäß den Darlegungen in § 8 (S. 90 - 99) nur in einigen wenigen Fällen eine Bindungswirkung für den Bürgen erzeuge. Denn auch bei den mit Vollstreckungsklausel versehenen Schuldtiteln gibt es Konstellationen, in denen die Titeleigenschaft im Sinne des § 146 Abs. 6 KO zu bejahen ist, obgleich eine Bindungswirkung (Rechtskraftwirkung bzw. -erstreckung) nicht besteht: So ist anerkanntermaßen jeder gemäß § 727 ZPO auf den Rechtsnachfolger umgeschriebene Titel ein „mit der Vollstreckungsklausel versehener Schuldtitel", obgleich es nach herrschender Meinung[370] Umschreibungsfälle gibt, denen keine Rechtskrafterstreckung zugrundeliegt. Die Bindungserstreckung auf den Dritten ist also keine notwendige Voraussetzung, um dem Dritten die Gunst des § 146 Abs. 6 KO zuzuerkennen[371].

2. Welchem der geschilderten Lösungswege (a, b oder c) der Vorzug zu geben ist und ob demgemäß dem Steuerbescheid auch nach dem Übergang der Forderung auf den Bürgen noch die Eigenschaft als Titel im Sinne des § 146 Abs. 6 KO zuzuerkennen ist, kann im Rahmen dieser Arbeit nicht entschieden werden, weil das ihren Rahmen sprengen würde. Je nach dem Ergebnis, für das man sich entscheidet, ergeben sich unterschiedliche Konsequenzen:

a) Sieht man den Steuerbescheid nicht als Titel für die Forderung des Bürgen an, so käme dem Bürgen nie die Umkehr der Feststellungslast nach § 146 Abs. 6 KO zugute. Der Bürge müßte immer selbst die Feststellung betreiben, gleichgültig ob sich der Widerspruch des Konkursverwalters oder des konkurrierenden Gläubigers gegen die Entstehung oder gegen das Nochbestehen der Forderung oder gegen ihr Vorrecht nach § 61 Abs. 1 Nr. 2 KO richtet. Ob überhaupt ein Steuerbescheid vorliegt oder nicht, wäre für die Frage der Feststellungslast gleichgültig.

Das Vorliegen des Steuerbescheides könnte aber im Rahmen des vom Bürgen betriebenen Feststellungsprozesses Bedeutung gewinnen: Wenn einer

---

[370] *Stein / Jonas / Münzberg* § 727 Rdnr. 4; *Stein / Jonas / Schumann / Leipold* § 325 Anm. I 3. — Anderer Ansicht *Bettermann*, Vollstreckung und Rechtskraft, S. 44 - 48.

[371] Eine differenzierende Betrachtungsweise derart, daß man den Steuerbescheid zwar nicht generell als Titel zugunsten des Bürgen im Sinne des § 146 Abs. 6 KO qualifiziert, ihn aber in den Fallkonstellationen als solchen qualifiziert, in denen er (s. § 8, S. 90 - 99) eine Wirkung zugunsten des Bürgen erzeugt, wäre abzulehnen. Denn dem Steuerbescheid nur dann die Titeleigenschaft im Sinne des § 146 Abs. 6 KO zuzuerkennen, wenn die in § 8 herausgearbeiteten Bindungsfälle vorliegen, hieße, die (komplizierten) Differenzierungen des § 8 in die Frage hineinzutragen, wer die Feststellungslast trägt, und damit dem Rechtsstreit praktisch „vorzulagern", wohingegen solcherlei Fragen üblicherweise *in* den Rechtsstreit gehören.

der in § 8 (S. 90 - 99) herausgearbeiteten Bindungsfälle vorliegt, würde das den Erfolg der Feststellungsklage des Bürgen positiv präjudizieren, soweit es um die vom Steuerbescheid festgestellte Entstehung des Steueranspruchs geht.

b) Erkennt man jedoch den Steuerbescheid auch für die Forderung des Bürgen als Titel im Sinne des § 146 Abs. 6 KO an, so entspräche die Rechtslage nach dem Forderungsübergang derjenigen vor dem Forderungsübergang: Soweit sich der Widerspruch gegen die Entstehung oder das Nochbestehen der Forderung richtet, träfe den Widersprechenden die Feststellungslast. Soweit es aber um das Vorrecht geht. hätte der Bürge die Feststellungslast.

c) Zur Klarstellung sei darauf hingewiesen, daß dem Bürgen als Privatperson die Kompetenz zum Erlaß von Verwaltungsakten nach § 251 Abs. 3 AO nicht zukommen kann[372]. Die Kompetenz nach § 251 Abs. 3 AO kann aber auch nicht bei der Steuerbehörde verblieben sein[373]; sie verliert sie vielmehr durch den Forderungsübergang. Der Bürge muß seiner Feststellungslast also in jedem Fall durch Erhebung einer Feststellungsklage nachkommen.

Wenn auch somit nach dem Forderungsübergang ein feststellender Verwaltungsakt nach § 251 Abs. 3 AO nicht mehr ergehen kann, so kann doch von einem solchen bereits vor dem Forderungsübergang erlassenen Verwaltungsakt eine Wirkung zugunsten des Bürgen ausgehen, nämlich dann, wenn er vor dem Forderungsübergang bereits unanfechtbar war oder wenn er zwar angefochten, aber eine ihn bestätigende Rechtsmittelentscheidung ergangen ist und der Bürge zum Anfechtungsstreit beigeladen war (vgl. § 8, S. 90 - 99). Auch in diesen Fällen hat zwar der Bürge die Feststellungslast und muß also seinerseits Feststellungsklage erheben, aber im Rahmen des Feststellungsprozesses kommt ihm die von dem nach § 251 Abs. 3 AO erlassenen Verwaltungsakt ausgehende Bindungswirkung zugute.

D. Ergebnis

1. Haftet einer Steuerforderung das abgabenrechtliche Konkursvorrecht des § 61 Abs. 1 Nr. 2 KO an, so geht es zusammen mit der Forderung auf den Bürgen über (§§ 774 Abs. 1, 412, 401 Abs. 2 BGB).

2. Der Streit, ob dem Bürgen das abgabenrechtliche Konkursvorrecht des § 61 Abs. 1 Nr. 2 KO zukommt, ist ebenso wie der Streit um

372 Siehe S. 21 oben bei und in Fußn. 16.

373 Nach dem Forderungsübergang kann die Behörde die Kompetenz nach § 251 Abs. 3 AO schon deshalb nicht mehr haben, weil das eine unzulässige Streitentscheidungskompetenz der Exekutive in Angelegenheiten Dritter wäre. Die Kompetenz der Verwaltungsbehörden, durch den Erlaß von Verwaltungsakten Rechtsverhältnisse zu regeln, ist nur solange gerechtfertigt, als sie selbst an dem Rechtsverhältnis beteiligt ist und also in eigener Sache tätig wird (dazu vgl. *BVerfGE* 3, 377 (381/382); *Bettermann*, Verwaltungsakt und Richterspruch, in: Forschungen und Berichte aus dem öffentlichen Recht — Gedächtnisschrift für Walter Jellinek —, München 1955, S. 361 ff., 372 - 375, insbes. bei und in Fußn. 56 m. w. N.).

Grund und Betrag der Forderung je nach Steuerart im Finanz- oder Verwaltungsrechtsweg und nicht im ordentlichen Rechtsweg auszufechten.

3. Die Last, die Feststellung bestrittener Rechtspositionen zu betreiben, obliegt hinsichtlich des Konkursvorrechts unzweifelhaft dem Bürgen ebenso wie in dem Fall, daß kein Steuerbescheid vorliegt. Ob ein Steuerbescheid hinsichtlich der Frage, ob der Steueranspruch entstanden ist und noch besteht, zur Umkehr der Feststellungslast gemäß § 146 Abs. 6 KO führt, bleibt offen.

Im Rahmen des Feststellungsprozesses kommt dem Bürgen die in § 8 (S. 90 - 99) dargestellte Bindungswirkung zugute, wenn der Steuerbescheid (oder die Feststellung nach § 251 Abs. 3 AO) bereits im Zeitpunkt des Forderungsüberganges unanfechtbar war oder zwar angefochten, aber durch eine Rechtsmittelentscheidung bestätigt ist und der Bürge zum Anfechtungsstreit beigeladen war (vgl. § 8, S. 90 - 99).

4. Wird das Konkursvorrecht des Bürgen festgestellt, so kommt seinem Anspruch aus dem Zessionsregreß ein günstigerer Rang zu (§ 61 Abs. 1 Nr. 2 KO) als seinem Anspruch aus dem Kausalregreß (§ 61 Abs. 1 Nr. 6 KO).

§ 10 Resumée[374]

I. Daß eine Steuerforderung im Falle ihres Überganges auf eine Privatperson ihren steuerrechtlichen Charakter behält und im Wege eines Steuerprozesses verfolgt werden muß (§ 2), ist dogmatisch zwingend. Die Auswirkung (Rechtswegspaltung) muß akzeptiert werden. Mit der ungewohnten Konstellation eines Steuerprozesses zwischen Privatpersonen wird man sich abfinden müssen.

II. Die Ausführungen in §§ 4 bis 9 (die übrigens nicht nur auf dem Boden meiner Auffassung, sondern — sinngemäß — ebenso dann gelten, wenn man mit der herkömmlichen Meinung einen Rechtsnaturwandel der übergehenden Steuerforderung annimmt) haben zunächst gezeigt, daß mit dem Übergang der Steuerforderung auf eine Privatperson eine Spaltung von verfahrensrechtlicher und materiell-rechtlicher Position eintritt (§ 4) und eine Beiladung des „mithaftenden Dritten" (Bürgen) im Steuerfestsetzungs-(Rechtsmittel-)Verfahren nicht notwendig, aber möglich ist als sog. einfache Beiladung (§ 5).

Auf der Grundlage dieser Erkenntnisse ergaben sich im Dreiecksverhältnis von Steuerschuldner, Steuerfiskus und Steuerbürge folgende Wechselwirkungen (§§ 6 bis 8):

a) Eine Wirkung des Verhältnisses Gläubiger-Hauptschuldner auf das Verhältnis Gläubiger-Bürge (§ 6) ergibt sich immer, wenn der Steuerbescheid aufgehoben wurde (A). Wurde er hingegen bestandskräftig bestätigt, so ergab sich eine Bindungswirkung nur im Beiladungsfalle (B I) oder wenn die Bürgschaft erst nach Bestandskraft des Steuerbescheides übernommen wurde (B II).

b) Für die Wirkung des Verhältnisses Gläubiger-Bürge auf das Verhältnis Bürge-Hauptschuldner (§ 7) ist die Möglichkeit einer Streitverkündung zu bedenken, die dem Bürgen für den Unterliegensfall seinen Regreß gegen den Hauptschuldner (sowohl seinen Kausal- als auch seinen Zessionsregreß) sichert.

c) Hinsichtlich der Wirkung des Verhältnisses Gläubiger-Hauptschuldner auf das Verhältnis Bürge-Hauptschuldner (§ 8) muß zunächst danach unterschieden werden, ob der Bürge nach oder vor Ende des Steuerfestsetzungsverfahrens zahlt: Zahlt er erst nach Ende des Festsetzungsverfahrens (A), so muß weiterhin unterschieden werden zwi-

---

374 Ausführliche Übersicht über die Ergebnisse dieser Arbeit siehe S. 15 - 17.

schen der Bindungswirkung kraft Rechtsnachfolge (die nur den Zessionsregreß erfaßt) und der Bindungswirkung kraft Beiladung (die auch den Kausalregreß erfaßt); infolgedessen kann der Zessionsregreß günstiger als der Kausalregreß sein. Im Falle der Zahlung vor Ende des Festsetzungsverfahrens (B) können weder das Rechtsnachfolgeprinzip noch §§ 325, 265 ZPO Anwendung finden; nur die Beiladung des Bürgen kann eine Bindungswirkung für den Regreß gegen den Hauptschuldner erzeugen: aus anderen rechtlichen Gesichtspunkten, z. B. dem Einwand des „venire contra factum proprium", folgt keine Bindung.

III. Die gewichtigste Bedeutung erlangt der Anspruch aus dem Zessionsregreß, wenn der Konkurs über das Vermögen des Hauptschuldners eröffnet wird (§ 9): Dann nämlich kommt dem Anspruch aus dem Zessionsregreß ein günstigerer Rang (§ 61 Abs. 1 Nr. 2 KO) als dem aus dem Kausalregreß (§ 61 Abs. 1 Nr. 6 KO) zu. Der Vorrechtsstreit ist nach heute herrschender (und zutreffender) Auffassung im gleichen Rechtsweg wie die Forderung auszufechten (B), wodurch meine Ausführungen über den öffentlich-rechtlichen Charakter des Zessionsregresses (§ 2) im Konkurs ihr wichtigstes praktisches Anwendungsfeld haben: hier, wo es auf den bevorrechtigten Zessionsregreß ankommt, wird sich zeigen, ob meine Ausführungen die bisherige Rechtsprechungspraxis zu ändern vermögen.

Literaturverzeichnis*

André, Gerhard: Urteilsanmerkung zu BGH NJW 1973, 1077, in: NJW 1973, S. 1495

Baumbach, Adolf / *Lauterbach*, Wolfgang / *Albers*, Jan / *Hartmann*, Peter: Zivilprozeßordnung mit Gerichtsverfassungsgesetz und anderen Nebengesetzen, Kommentar, 36. Auflage München 1978

Baur, Fritz: Neue Verbindungslinien zwischen Privatrecht und öffentlichem Recht, in: JZ 1963, S. 41

— Zuständigkeit aus dem Sachzusammenhang? in: Festschrift für Fritz von Hippel, Tübingen 1967, S. 1

Becker, Enno / *Riewald*, Alfred / *Koch*, Carl: Reichsabgabenordnung, Kommentar, Band I (§§ 1 - 159 RAO), 9. Auflage Köln—Berlin—Bonn—München 1963

Bender, Heinz: Rückgriffsansprüche des Arbeitgebers bei Lohnsteuerzahlungen, in: StuW I 1938, Sp. 67

Bengs: Die Ablösung bevorrechtigter Steuerforderungen im Verfahren der Zwangsversteigerung von Grundstücken, in: JW 1937, S. 437

Bettermann, Karl August: Die Vollstreckung des Zivilurteils in den Grenzen seiner Rechtskraft, Hamburg 1948

— Über die Beiladung im Verwaltungsstreitverfahren, in: DVBl. 1951, S. 39/72

— Urteilsanmerkung zu BayVerfGH JZ 1962, 673, in: JZ 1962, S. 675

— Streitgenossenschaft, Beiladung, Nebenintervention und Streitverkündung, in: ZZP 90 (1977), S. 121

Bley, Erich: Steuern als Konkursforderung, in: ZZP 51 (1926), S. 233

— Die Bedeutung der Rechtsprechung des Reichsfinanzhofs für das Konkursrecht, in: StuW I 1928, Sp. 1095

Blomeyer, Arwed: Rechtskrafterstreckung infolge zivilrechtlicher Abhängigkeit, in: ZZP 75 (1962), S. 1

— Zivilprozeßrecht (Erkenntnisverfahren), Berlin—Göttingen—Heidelberg 1963

Böhle-Stamschräder, Aloys: Konkursordnung, Kommentar, 12. Auflage München 1976

Bötticher, Eduard: Urteilsanmerkung zu BAGE 6, 300, in: AP Nr. 12 zu § 2 ArbGG 1953 — Zuständigkeitsprüfung

— Die Bindung der Gerichte an Entscheidungen anderer Gerichte, in: Hundert Jahre Deutsches Rechtsleben, Festschrift zum Hundertjährigen Bestehen des Deutschen Juristentages 1860 - 1960, Karlsruhe 1960, S. 511

* In diesem Literaturverzeichnis ist nicht die gesamte in dieser Schrift zitierte Literatur aufgeführt, sondern nur derjenige Teil, der für das Thema besonders wichtig ist.

Bötticher, Eduard: Urteilsanmerkung zu BAGE 19, 355, in: AP Nr. 30 zu § 2 ArbGG 1953 — Zuständigkeitsprüfung

Bühler, Ottmar: Lehrbuch des Steuerrechts, I. Band: Allgemeines Steuerrecht, Berlin 1927

Bundestags-Drucksache III/55: Von der Bundesregierung beschlossener Entwurf einer Verwaltungsgerichtsordnung

— IV/1446: Von der Bundesregierung beschlossener Entwurf einer Finanzgerichtsordnung

— IV/3523: Bericht des Rechtsausschusses über den von der Bundesregierung eingebrachten Entwurf einer Finanzgerichtsordnung — Drucksache IV/1446 —

— V/3196: Entwurf eines Gesetzes zur Änderung der Finanzgerichtsordnung

— VI/1982: Von der Bundesregierung beschlossener Entwurf einer Abgabenordnung (AO 1974)

— VII/4292: Bericht und Antrag des Finanzausschusses zu dem von den Fraktionen der SPD, FDP eingebrachten Entwurf einer Abgabenordnung — Drucksache VII/79 —

Calavros, Constantin: Urteilswirkungen zu Lasten Dritter, Bielefeld 1978

Crisolli: Die Übertragung der steuerlichen Rechte und Pflichten, in: JW 1937, S. 1218

Dietrich, Rudolf: Urteilsanmerkung zu BFHE 106, 186, in: NJW 1973, S. 295

Erman, Walter: Handkommentar zum Bürgerlichen Gesetzbuch, I. Band (§§ 1 bis 853 BGB u. a.), 6. Auflage Münster 1975

Eyermann, Erich / *Fröhler*, Ludwig: Verwaltungsgerichtsordnung, Kommentar, 7. Auflage München 1977

Fenge, Hilmar: Rechtskrafterstreckung und Streitgenossenschaft zwischen Hauptschuldner und Bürgen, in: NJW 1971, S. 1920

Frenkel, Erdmann: Haftung für fremde Steuerschulden, in: FR 1970, S. 376

Geist, Günter: Insolvenzen und Steuern (Konkurs — Vergleich — Sanierung im Steuerrecht), 2. Auflage Herne—Berlin 1973

Gravenhorst, Wulf: Die Aufspaltung der Gerichtszuständigkeit nach Anspruchsgrundlagen, Berlin 1972

Guthmann, Ernst: Der Übergang von Steuerforderungen auf Private (bei der Zwangsversteigerung und beim Konkurs), Gießen 1933

Habscheid, Walter J.: Buchbesprechung zu: Stahl, Walter E., Beiladung und Nebenintervention, Berlin 1972, in: ZZP 86 (1973), S. 101

Huber, Ulrich: Rechtskrafterstreckung bei Urteilen über präjudizielle Rechtsverhältnisse, in: JuS 1972, S. 621

Hübschmann / Hepp / Spitaler: Kommentar zur Abgabenordnung und Finanzgerichtsordnung, Loseblattsammlung, 7. Auflage Köln 1976 ff.

Jaeger, Ernst: Konkursordnung, Kommentar, I. Band (§§ 1 - 70 KO), 8. Auflage Berlin 1958
II. Band, 1. Halbband (§§ 71 - 206 KO), 8. Auflage Berlin—New York 1973

Jahr, Günther: Die gerichtliche Zuständigkeit für das Konkursverfahren und für die Entscheidung von Streitigkeiten, die mit dem Konkursverfahren zusammenhängen, in: ZZP 79 (1966), S. 347

Jansen, Paul: Gesetz über die Angelegenheiten der freiwilligen Gerichtsbarkeit, Kommentar, I. Band (§§ 1 - 34 FGG u. a.), 2. Auflage Berlin 1969

Jauernig, Othmar: Zwangsvollstreckungs- und Konkursrecht, 14. Auflage München 1977

Jellinek, Walter: Verwaltungsrecht, 3. Auflage Berlin 1931 (unveränderter Neudruck Offenburg 1948)

Judeich, Walter: Urteilsanmerkung zu BFHE 66, 527 = NJW 1958, 1063, in: NJW 1958, S. 1255

Klein, Franz / *Orlopp*, Gerd: Abgabenordnung 1977, Kommentar, München 1977

Knöpfle, Franz: Die Nachfolge in verwaltungsrechtliche Rechts- und Pflichtenstellungen, in: Festgabe für Theodor Maunz, München 1971, S. 225

Kopp, Ferdinand: Verwaltungsgerichtsordnung, Kommentar, 4. Auflage München 1979

Kruse, Heinrich Wilhelm: Steuerrecht, 3. Auflage München 1973

Kühn, Rolf / *Kutter*, Heinz: Abgabenordnung — Finanzgerichtsordnung, Kommentar, 12. Auflage Stuttgart 1977

Liebisch, Arnold: Steuerrecht und Privatrecht, Köln 1934

Lorenz, Robert: Das Vorrecht einer Steuerforderung gemäß § 61 Ziff. 2 KO, in: NJW 1961, S. 813

Martens, Joachim: Streitgenossenschaft und Beiladung, in: VwArch 60 (1969), S. 197/356

Medicus, Dieter: Bürgerliches Recht, 8. Auflage Köln—Berlin—Bonn—München 1978

Mentzel, Franz / *Kuhn*, Georg / *Uhlenbruck*, Wilhelm: Konkursordnung, Kommentar, 9. Auflage München 1979

Merten, Detlef: Zur Abgrenzung von öffentlich-rechtlichen und bürgerlichrechtlichen Streitigkeiten im Sozialversicherungsrecht, in: VwArch 66 (1975), S. 387

— Die Rechtsnatur der Beziehungen zwischen dem versicherten Beschäftigten und seinem Arbeitgeber im Sozialversicherungsrecht, in: Festschrift für Karl Sieg, Karlsruhe 1976, S. 383

Müller, Walter: Die Rechtsnachfolge im Reichssteuerrecht, Tübingen/Urach 1932

Mugdan, B.: Die gesamten Materialien zum Bürgerlichen Gesetzbuch für das Deutsche Reich, II. Band: Recht der Schuldverhältnisse, Berlin 1899

Palandt, Otto: Bürgerliches Gesetzbuch, Kommentar, 37. Auflage München 1978

Pestalozza, Christian: Privatverwaltungsrecht: Verwaltungsrecht unter Privaten, in: JZ 1975, S. 50

Redeker, Konrad / *v. Oertzen*, Hans-Joachim: Verwaltungsgerichtsordnung, Kommentar, 6. Auflage Stuttgart—Berlin—Köln—Mainz 1978

Reinicke, Dietrich: Verjährung von Rückgriffsforderungen, in: VersR 1967, S. 1

— Die Verzinsung der Rückgriffsforderungen des Bürgen, in: DB 1967, S. 847

RGRK: Das Bürgerliche Gesetzbuch, Kommentar, Band II, 1. Teil (§§ 241 bis 413), 12. Auflage Berlin—New York 1976
4. Teil (§§ 631 - 811), 12. Auflage Berlin—New York 1978

Rimmelspacher, Bruno: Materiell-rechtlicher Anspruch und Streitgegenstandsprobleme im Zivilprozeß, Göttingen 1970

— Alternative und kumulative Gerichtszuständigkeit in: AcP 174 (1974), S. 508

— Öffentliches oder privates Interesse als Kriterium der Rechtswegzuständigkeit? in: JZ 1975, S. 165

Rössler, Gerhard: Prozessuale Probleme im Rahmen des § 120 RAO, in: StuW I 1968, Sp. 629

Rosenberg, Leo / *Schwab*, Karl Heinz: Zivilprozeßrecht, 12. Aufllage München 1977

Saure, Heinrich: Die Rechtswegverweisung, Bielefeld 1971

Schlosser, Peter: Gestaltungsklagen und Gestaltungsurteile, Bielefeld 1966

Schnorr von Carolsfeld: Urteilsanmerkung zu BAGE 6, 52, in: AP Nr. 5 zu § 670 BGB

— Urteilsanmerkung zu BAGE 9, 105, in: AP Nr. 8 zu § 670 BGB

Schunck, Egon / *De Clerck*, Hans: Verwaltungsgerichtsordnung, Kommentar, 3. Auflage Siegburg 1977

Schwab, Karl Heinz: Rechtskrafterstreckung auf Dritte und Drittwirkung der Rechtskraft, in: ZZP 77 (1964), S. 124

Schwarz, Otfried: Der Vorrechtsstreit wegen Steuerforderungen im Konkurs, in: NJW 1954, S. 1867

— Urteilsanmerkung zu BFHE 66, 527, in: NJW 1958, S. 1063

— Das Konkursvorrecht wegen Steuerforderungen und der neue § 226 a RAO, in: FR 1966, S. 236

Seeliger, G.: Die Beteiligung Dritter am Steuerprozeß, in: DStRecht 1966, S. 406

Soergel, Hs. Th. / *Siebert*, W.: Bürgerliches Gesetzbuch, Kommentar, Band II: Schuldrecht I (§§ 241 - 610), 10. Auflage Stuttgart—Berlin—Köln—Mainz 1967

Speich, G.: Einwendungen des Haftungsschuldners bei Inanspruchnahme für Steuerschulden, in: DB 1968, S. 772

Spellenberg, Ulrich: Zum Gegenstand des Konkursfeststellungsverfahrens, Göttingen 1973

Stahl, Walter E.: Beiladung und Nebenintervention, Berlin 1972

Staudinger, I. v.: Kommentar zum Bürgerlichen Gesetzbuch, II. Band: Recht der Schuldverhältnisse, Teil 1 b (§ 242), 11. Auflage Berlin 1961,
Teil 4 (§§ 705 - 822), 10./11. Auflage Berlin 1975

Stein / Jonas: Kommentar zur Zivilprozeßordnung,
vor § 38 - § 127 a: 3. Lieferung der 20. Auflage, Tübingen 1978,
vor § 1 - § 299: I. Band der 19. Auflage, Tübingen 1972,
vor § 300 - § 703 a: II. Band der 19. Auflage, Tübingen 1972,
vor § 704 - § 763: 4. Lieferung der 20. Auflage, Tübingen 1978
vor § 704 - Ende: III. Band der 19. Auflage, Tübingen 1975
(19. Auflage nur verwendet, soweit nicht 20. Auflage vorhanden)

Stettner, Joachim: Das Verhältnis der notwendigen Beiladung zur notwendigen Streitgenossenschaft im Verwaltungsprozeß, Berlin 1974

Stolterfoht, Joachim N.: Die Rechtswegzuständigkeit bei der Geltendmachung legalzedierter Steueransprüche, in: JZ 1975, S. 658

Thomas, Heinz / *Putzo*, Hans: Zivilprozeßordnung, Kommentar, 10. Auflage München 1978

Tipke, Klaus: Steuerrecht, 5. Auflage Köln 1978

Tipke, Klaus / *Kruse*, Heinrich Wilhelm: Abgabenordnung/Finanzgerichtsordnung, Kommentar, Loseblattsammlung, 9. Auflage Köln 1978

Ule, Carl Hermann: Verwaltungsgerichtsbarkeit, Kommentar zur Verwaltungsgerichtsordnung, in: M. v. Brauchitsch, Verwaltungsgesetze des Bundes und der Länder, Band I, 2. Halbband, 2. Auflage Köln—Berlin—München—Bonn 1962

Waldmann: Zum Verwaltungszwangsverfahren und Ablösungsrecht, in: Deutsche Justiz, Rechtspflege und Rechtspolitik, 1942, S. 404

Weber, Friedrich: Urteilsanmerkung zu BAGE 20, 1, in: AP Nr. 5 zu § 61 KO

Werner, Fritz: Die jüngere Rechtsprechung des Reichsgerichts zur Zulässigkeit des Rechtsweges, in: VwArch 43 (1938), S. 47

— Der Übergang öffentlich-rechtlicher Forderungen in die Hand eines Privatgläubigers, in: VwArch 44 (1939), S. 273

Wieczorek, Bernhard: Zivilprozeßordnung, Kommentar, I. Band (§§ 1 - 252), 2. Auflage Berlin—New York 1976

Wiedemann, Herbert: Urteilsanmerkung zu BAG NJW 1975, 79, in: AP Nr. 20 zu § 670 BGB

Wolff, Hans J. / *Bachof*, Otto: Verwaltungsrecht I, 9. Auflage München 1974

— Verwaltungsrecht II, 4. Auflage München 1976

Sachverzeichnis

(Nur eine Fußnotennummer und keine Seitenzahl ist dort angegeben, wo Ausführungen *nur* in der Fußnote und nicht außerdem im Text der Seite zu finden sind.)

Kolibri 360 GmbH
Ferdinand-Jühlke-Straße 7
99095 Erfurt, Deutschland
produktsicherheit@kolibri360.de

Druck:
CPI Druckdienstleistungen GmbH
im Auftrag der
Kolibri 360 GmbH
Ferdinand-Jühlke-Str. 7
99095 Erfurt